Ser padres puede llegar a ser un
hay alivio cuando descansamos e
sentirse perdido, incapaz, o insegu
forman parte de los requisitos nec
que se obtiene una vez que han s.
un devocional de oración profundo y elevador sobre las bendiciones que
Dios ha puesto en nuestras vidas. Yo recomiendo este libro ampliamente
a todo padre que necesite recordar el maravilloso futuro que Dios tiene
preparado para su familia.

—Matthew Barnett
Pastor y cofundador de Los Ángeles Dream Center

Gracias, Mike, Elizabeth, Destiny, y Seth, por haber participado en
este maravilloso libro de milagros, y por haber comprendido la verdad
y el poder de la palabra de Dios. Nuestra familia ha sido enormemente
bendecida por este libro, especialmente ahora que nuestros hijos adultos
están comenzando a criar. ¡Gracias, familia Shreve!

—Bob y Jane D'Andrea,
Fundadores y directores de
Christian Television Network

Nuestra mayor inversión y contribución para el futuro de nuestro
planeta es la calidad de los niños que criamos. Los niños no solo son
la herencia de Dios, sino también nuestra responsabilidad divina, ya
que se nos ha encargado producir semillas de justicia que transformen
a las siguientes generaciones. Este libro es una enorme contribución a
nuestro esfuerzo por preparar niños a través de la oración y el desarrollo
espiritual. Recomiendo ampliamente esta obra a todos los que amen a los
niños y deseen un destino maravilloso para ellos.

—Myles Munroe
Presidente y pastor de
Bahamas Faith Ministries International

El día que fui a recoger este importante libro, acababa de entrevistarme
con un padre que había enfrentado el desafío de escoger entre esforzarse

por alcanzar el éxito monetario y empresarial, o esforzarse por cumplir el llamado de Dios para su familia y su hogar. Como pastora sé muy bien que el enemigo está afuera buscando acabar con la unidad familiar y tomar a nuestros hijos como trofeo. Mike Shreve y yo compartimos un llamado similar a "hacer volver los corazones de los padres a los hijos" (Lc. 1:17), y su libro es un extraordinario manual para todo padre que se tome en serio el mandato divino de guiar a sus hijos devotamente. La herencia que he recibido de Dios es rica, y hoy ejerzo el ministerio gracias a una madre y un padre dirigidos por Dios y llenos del Espíritu Santo que se esforzaron para que yo fuera educada de la manera correcta. ¡Gracias, Mike, por apoyar esta causa! Tú tienes el mismo corazón de Dios.

—Donna Schambach
Presidente, Schambach Ministries

¡En verdad me gusta este libro! ¿Por qué? Porque me anima a ver mi papel como padre a través de los ojos y el corazón de Dios. Dios ama a mis hijos mucho más que yo, y me ofrece sus sustanciosas promesas, las cuales proveen una base sólida para apoyarme como padre. Mike ha sido un invitado frecuente en "It's a new Day", y siempre ha sido una bendición. ¡La serie que realizamos sobre las promesas de Dios para nuestros hijos fue un éxito total! Como padres, estas serían las promesas que desearíamos de parte Dios, ¡y resulta ser que Él las hizo!

—Willard Thiessen
Fundador de Trinity Television, Winnipeg, Canadá

65 PROMESAS
DE DIOS
para sus
HIJOS

65 PROMESAS
DE DIOS
para sus
HIJOS

MIKE SHREVE

CASA
CREACIÓN

La mayoría de los productos de Casa Creación están disponibles a un precio con descuento en cantidades de mayoreo para promociones de ventas, ofertas especiales, levantar fondos y atender necesidades educativas. Para más información, escriba a Casa Creación, 600 Rinehart Road, Lake Mary, Florida, 32746; o llame al teléfono (407) 333-7117 en Estados Unidos.

65 PROMESAS DE DIOS PARA SUS HIJOS por Mike Shreve
Publicado por Casa Creación
Una compañía de Charisma Media
600 Rinehart Road
Lake Mary, Florida 32746
www.casacreacion.com

Las citas de la Escritura marcadas (LBLA) corresponden a La Biblia de las Américas © Copyright 1986, 1995, 1997 by The Lockman Foundation Usadas con permiso.

Las citas de la Escritura marcadas (PDT) corresponden a La Biblia: La Palabra de Dios para Todos Copyright © 2005, 2008, 2012 Centro Mundial de Traducción de La Biblia.

Las citas de la Escritura marcadas (RVR1977) corresponden a la Revisión 1977 de la Versión Reina-Valera de la Biblia, realizada bajo los auspicios de CLIE, por un equipo de especialistas en traducción bíblica. © 1977 por CLIE para la presente Revisión 1977 de la Versión Reina-Valera.

Las citas de la Escritura marcadas (BLPH) corresponden a **La Palabra**, (versión hispanoamericana) © 2010 Texto y Edición, Sociedad Bíblica de España.

Traducido por: Ernesto Giménez
Director de diseño: Bill Johnson

Originally published in the U.S.A. under the title: *65 Promises from God for Your Child*
Published by Charisma House, A Charisma Media Company
Copyright © 2013 Mike Shreve
All rights reserved

Visite la página web del autor: www.shreveministries.org.

Copyright © 2014 Casa Creación
Todos los derechos reservados

Library of Congress Control Number: 2013957391
ISBN: 978-1-62136-905-9
E-book ISBN: 978-62136-908-0

Nota de la editorial: Aunque el autor hizo todo lo posible por proveer teléfonos y páginas de internet correctas al momento de la publicación de este libro, ni la editorial ni el autor se responsabilizan por errores o cambios que puedan surgir luego de haberse publicado.

Impreso en los Estados Unidos de América
14 15 16 17 18 * 7 6 5 4 3 2

Dedico este libro a mis hijos Zion Seth y Destiny Hope. Su mamá y yo los amamos más de lo que las palabras pueden expresar. Ser sus padres ciertamente despertó en nuestros corazones las verdades de este libro. Deseamos y declaramos que todas las promesa contenidas en estas páginas se cumplan en sus vidas.

¡Que el Dios eterno vele para que estas promesas se cumplan en su vida y en las vidas de todos sus descendientes!

CONTENIDO

PRÓLOGO

RECUERDO QUE ESTABA esperando ansiosa mientras miraba fijamente la pequeña línea blanca, pidiéndole a Dios que esta vez que el resultado fuera positivo y no negativo como todas las veces pasadas. Y entonces, ocurrió. La prueba de embarazo dio positivo, e inmediatamente mi corazón se llenó de emoción y temor. Debo admitir que con el paso de los días el miedo tomó el mando. Tenía demasiadas preguntas: *¿Podré con esta responsabilidad? ¿Lo haré bien? ¿Puedo ser una buena madre?*

A pesar de que esto ocurrió hace veintiún años, me encantaría poder decir que sé todo sobre cómo criar a los hijos, pero nada más lejos de la verdad. He leído muchos libros, me he suscrito docenas de revistas, e incluso he asistido a clases de paternidad. Todas esas herramientas fueron una gran bendición para mí, pero no eran suficientes por sí solas. Como madre he tenido grandes alegrías y también momentos de mucho dolor. Los recursos que encontré solo me ayudaron hasta cierto punto durante los momentos más difíciles. Pero hay una herramienta para la crianza de los hijos que siempre ha sobresalido entre todas: la Palabra de Dios. Este libro de libros siempre ha sido la fuerza que me ha sustentado.

Mi primer embarazo fue extremadamente agotador para mí. Yo estaba en mi etapa de "mujer maravilla", y pensaba que podía hacerlo todo. Pensaba que podía viajar en el ministerio con Mike como siempre lo hacía. Siempre estábamos predicando, yo estaba encargada de la oficina, y aparte de eso realizaba las tareas del hogar. De más está decir que quedé exhausta.

Mi etapa de "mujer maravilla" se convirtió solo en etapa "maravilla", porque me decía: "Qué maravilla sería poder hacer todo esto". Sin embargo, en oración sentía al Espíritu Santo hablándome desde el Salmo 27:13: "Hubiera yo desmayado, si no creyese que veré la bondad de Jehová en la tierra de los vivientes". ¡Alabado sea Dios! Fue su bondad lo que me mantuvo en pie.

Y di a luz a un hijo maravilloso. Seth ha sido mi gran bendición. Es inteligente e ingenioso. Tiene un brillante futuro en Dios. Sí, la Palabra del Señor es la fuerza que me sustenta.

Con Destiny la situación fue totalmente diferente. Con su embarazo ya no era mi cuerpo el que estaba en peligro, sino el de ella. Desde el principio enfrentamos una avalancha de informes médicos negativos. Cada rato salía algo nuevo. Una cosa que no estaba bien, otra que tampoco lo estaba. Hasta que recibimos el informe más terrible de todos. Nuestra bebé tenía espina bífida y cretinismo (un agujero en su columna vertebral y, casi seguro, retraso mental grave). El doctor y su asistente nos dijeron que ella jamás sería una niña normal, y que muy probablemente nunca llegaría a caminar o a hablar. Este médico, aun sabiendo que éramos unos líderes cristianos, tuvo la osadía de inclinarse hacia nosotros en el escritorio y sugerirnos una "alternativa" para dar fin al embarazo.

Cuando salimos de su consultorio (por cierto, nunca regresamos con él), escuché la voz del Señor decirme: *"Tu hija bailará en las calles de Jerusalén"* (algo totalmente contrario a lo que nos acababan de decir). Luego, cuando entramos a nuestro vehículo, encendí la radio e increíblemente la primera cosa que escuché fue la canción: "I Hope You Dance" (Espero que bailes). ¡Qué confirmación! Mi espíritu saltó dentro de mí. Dios me había revelado claramente que Él intervendría.

Debo admitir que a pesar de que había recibido una palabra poderosa de parte de Dios, aún enfrentaba un colosal asalto frontal de miedos y dudas. Una vez más recurrí a la fuerza que me sustenta. Después de semanas luchando contra una avalancha de preocupación y temor, finalmente pude enfocarme en aquello que me da vida: la Palabra de Dios. Comencé a citar el Salmo 138:8 de manera frecuente: "Jehová cumplirá su propósito en mí".

Comencé a imponer mis manos sobre mi barriga, diciendo: "Tú eres perfecta, mi pequeña niña. La Palabra de Dios dice que tú eres perfecta. Tu me importas, y por lo tanto, de acuerdo a la Palabra de Dios eres perfecta". Alabado sea Dios. Cuando Destiny nació, las primeras palabras del doctor fueron: "Está perfecta". Y lo estaba. No solo eso, desde muy pequeña ella se ha expresado como una verdadera amante de Dios, una adoradora, una talentosa bailarina; tal como Dios lo había dicho. ¡Alabo al Señor por su bondad!

Es la Palabra la que produce milagros. Manténgala siempre cerca de su corazón. ¡Declárela! ¡Crea en ella! Mis difíciles primeros pasos como madre me enseñaron una invalorable lección que he atesorado hasta hoy. Si podemos proclamar sin dificultad perfección y bondad sobre nuestros hijos con las cosas terrenales, entonces podemos también proclamar bondad y perfección sobre ellos con las cosas espirituales. Este maravilloso libro le capacitará para hacer exactamente eso.

—Elizabeth Shreve

PREFACIO

DIOS NOS HA bendecido a mi esposa y a mí con dos niños saludables, brillantes, y maravillosos. Son un par de milagros. El nacimiento de nuestro hijo fue muy traumático, y en teoría debió haber quedado irreparablemente afectado. Nuestra hija recibió un sombrío diagnóstico antes de nacer. Pero, ¡alabado sea Dios!, la última palabra no era la de los médicos, sino la de Dios. En contra de todas las posibilidades, ambos sobrevivieron. Mi esposa y yo estamos convencidos de que nuestra fe en Dios es el motivo por el cual nuestros hijos están hoy vivos y sanos. Buscamos a Dios con el corazón y confiamos en que Él cumpliría sus promesas. Y eso fue exactamente lo que hizo.

Al momento en que escribo estas líneas, nuestro hijo Zion Seth tiene veinte años, y nuestra hija Destiny Hope once. Ambos son buenos hijos, les va muy bien en sus estudios, y aman a Dios. Pero mi esposa y yo aún enfrentamos muchos desafíos como padres. Nuestra lucha de fe no termina, y constantemente estamos apelando a las promesas de la Palabra de Dios relacionadas a nuestras circunstancias diarias. Hemos descubierto que la Biblia es nuestra "ancla" (Heb. 6:19), no solo durante las grandes tormentas de la vida, sino también cuando surgen problemas y conflictos menores; esas "ráfagas de viento" que llegan de manera imprevista.

Familiarizarse con la Palabra de Dios es, en el sentido espiritual, como instalar ventanas y puertas para tormentas en nuestro hogar. Dios advirtió: "Mi pueblo fue destruido, porque le faltó conocimiento" (Os. 4:6). ¡Cuán a menudo ocurre esto! Si como padres no sabemos lo que Dios ha dicho sobre nuestros hijos, no tenemos una base sólida para nuestra fe. Entonces, cuando el viento comienza a soplar somos vulnerables: las ventanas se sacuden, las puertas se abren, y entra el caos a nuestra vida.

Tal vez usted se siente en esa situación en este momento. Tal vez está tentado a tirar la toalla en la crianza de sus hijos. ¡Espere! Agarre esa toalla y seque sus lágrimas. Trate de enfocarse. ¡Persista! ¡Reclame su semilla!

En Éxodo 10 el faraón permite que los hombres israelitas abandonen Egipto para adorar a Dios en el desierto, pero le dice a Moisés que sus hijos e hijas deben quedarse atrás. La respuesta de Moisés fue rápida y decidida:

¡Para nada! Ellos no adorarán a Dios sin sus hijos. De igual manera nosotros debemos dirigirnos al príncipe de las tinieblas: "¡Tú no te vas a quedar con mis hijos! ¡Yo no los voy a dejar! Yo y mi casa serviremos a Jehová".

¿No comienza uno a sentir una sobrecarga de adrenalina espiritual tan solo con pensar en este tipo de palabras determinadas? ¿No aumentan su fe? No solo piense en estas cosas, ¡declare que Dios tiene la victoria en su hogar!

En este libro hay sesenta y cinco promesas de Dios relacionadas con los hijos de los justos. Le invito a devorar cada palabra. Hágalas una parte suya. Apréndase las promesas de Dios, y comience a librar la buena batalla de fe por su semilla. ¡Usted puede hacerlo! La victoria está a la vista.

UN MILAGRO PARA SU FAMILIA

*Milagro: Un acontecimiento extraordinario en el que se
manifiesta la intervención divina en los asuntos humanos.*[1]

PREPÁRESE PARA APRENDER sobre un tema conmovedor y
esperanzador de la Palabra de Dios: la revelación de sesenta y cinco
promesas dadas por Dios para los hijos de su pueblo. Son textos que
van más allá de las palabras bonitas, y que nos animan en tiempos de
dificultad. Se trata de verdades poderosas que revelan la voluntad de
Dios para usted como hijo suyo, y para sus hijos. Dios quiere obrar un
milagro en su familia si usted declara su Palabra.

Pero antes de ver cuáles son esas promesas, debemos contar con un
cimiento sólido. Es necesario entender primero la posición de Dios sobre
la paternidad, y en qué se diferencia de la nuestra; así como la manera
en que podemos apropiarnos de manera efectiva de las promesas que nos
ha dado. Comencemos entonces analizando la paternidad desde el punto
de vista de Dios.

La paternidad según Dios

Asombrosamente, la primera señal de la bendición de Dios sobre los
animales y los seres humanos fue la impartición del poder para pro-
crearse, o la capacidad de producir descendencia a su imagen. Apenas
después de crear a los animales, "Dios los bendijo, diciendo: Fructificad y
multiplicaos" (Gn. 1:22). Después de crear a Adán y Eva, Dios hizo una
declaración similar, pero añadiéndole algo importante:

"Y los bendijo Dios, y les dijo: Fructificad y multiplicaos;
llenad la tierra, y sojuzgadla, y señoread en los peces del
mar, en las aves de los cielos, y en todas las bestias que se
mueven sobre la tierra" (Gn. 1:28).

En este pasaje Dios no solo imparte su bendición sobre los primeros padres de la raza humana al capacitarlos para reproducirse, sino que les revela su intención de usarlos para llevar a cabo sus propósitos en el mundo. El objetivo de Dios sigue siendo el mismo. Él está determinado a llenar la tierra de hijos suyos justos y amorosos que subyuguen la maldad y dominen la oscuridad espiritual en el nombre del Señor.

Los niños que nacen en hogares estables con matrimonios sólidos son más capaces de cumplir con este deseo divino. En Malaquías 2:15 Dios requiere fidelidad en el matrimonio. Luego explica el motivo detrás de este requerimiento. Estaba buscando una "descendencia para Dios". La infidelidad en un hogar puede tener un efecto peligroso y perjudicial en los hijos, llevándolos a repetir patrones negativos similares en sus vidas. Dios busca padres que dejen un legado santo, no un rastro de disfunción.

La versión de la Biblia en inglés *The Contemporary English Version* [La versión contemporánea de la Biblia] lo dice bien:

> "¿No te creó Dios para que fueras una sola carne con tu esposa? ¿Por qué Él hizo esto? Lo hizo para que tengas hijos, y luego los guíes para que se conviertan en el pueblo de Dios. Jamás le seas infiel a tu esposa" (Traducción libre del inglés al español).

Como lo explica la *Spirit-Filled Life Bible* [Biblia Plenitud]: "Cuando Dios decidió crear al hombre a su propia imagen, creó un matrimonio, una familia. El grupo familiar es un reflejo de la Trinidad [el Padre, el Hijo, y el Espíritu Santo]. Su identidad, vida y poder provienen de Dios (Ef. 3:14–15)".[2] Permítame entonces reiterar esta importante verdad: Dios está buscando padres con un fuerte sistema de valores que perpetúe sus propósitos de justicia en la tierra, que se "conviertan en el pueblo de Dios", y que dejen a sus hijos un legado de santidad.

Esto ocupa un lugar muy alto en la lista de prioridades de Dios, ya que nuestro tiempo en la tierra terminará en algún momento. Todo el terreno que se gane para el cristianismo en una generación puede perderse totalmente si la siguiente generación fracasa en inculcarle pasión por las cosas de Dios a sus hijos. Ser padres es entonces una gran bendición, no solo para nosotros sino también para Dios, porque a través de nuestros hijos permanece vive la esperanza de que el pueblo de Dios tome el dominio e impulse su Reino en la tierra.

LA PATERNIDAD SEGÚN NOSOTROS

Como mencioné anteriormente, la capacidad de procrear es una bendición de Dios. Pero ser padres puede ser agotador en algunos momentos. Hace poco vi a una mujer que lucía agobiada caminando por los pasillos de una tienda de descuento con un rebaño de hijos. En la franela que llevaba, estaba estampada la frase: "¿Quiénes son estos niños y por qué me están llamando mamá?". Tal vez usted se siente igual. Pero vivir en negación no ayudará. Acéptelo: usted es un padre o una madre.

La manera en que usted asuma el papel que Dios le ha dado marcará la diferencia. ¿Criar a sus hijos le parece una carga, algo así como una serie de responsabilidades que debe cumplir? Si es así, será para usted como una obligación no deseada. ¡Permítame decirle que la paternidad es mucho más que una simple responsabilidad que cumplir! El sabio Salomón tenía una percepción maravillosa sobre la paternidad. Escribió: "Los hijos son una herencia del Señor, los frutos del vientre son una recompensa" (Sal. 127:3, NVI).

En otras palabras, los hijos son uno de los regalos más maravillosos de Dios. El fruto del vientre constituye un legado incomparable y generoso de lo alto. Cuando sus hijos no se comportan como le gustaría que lo hicieran en los momentos difíciles, usted puede sentirse tentado a pensar que tener hijos tal vez no sea realmente una bendición. Pero ganar las batallas de la vida y los desafíos de la paternidad es algo que debe comenzar con una decisión. Usted debe decidir ver la paternidad como Dios la ve, y creer—lo suficiente para hacer confesiones de fe, en vez de declaraciones de duda—que sus hijos son una recompensa.

Expresarse negativamente de sus hijos es de por sí una forma de maldecirlos. Si usted declara a la ligera un futuro sombrío para ellos, sus palabras los llevarán (y hasta los empujarán) a ese destino. ¡No haga eso! Aunque sus hijos sean tercos e irrespetuosos, no refuerce lo negativo diciendo cosas como:

+ "Mis hijos me estresan".

+ "Mis hijos son demasiado rebeldes".

+ "Mis hijos simplemente no me respetan".

+ "Mis hijos andan en la oscuridad".

+ "Mis hijos están en las manos del enemigo".

+ "Mis hijos jamás van a tener éxito en la vida".

+ "Mis hijos están atrapados en las cosas del mundo".

+ "¡Voy a estar feliz cuando se vayan!".

Los padres que repiten estas cosas, e incluso que las piensan, están atando sus corazones con un oscuro cordón de tres cuerdas: duda, desesperación, y rabia. Deshágase de esta actitud esclavizante ahora mismo y comience a hacer lo contrario. Como lo dijo Zig Ziglar: "Cuando usted junta fe, esperanza y amor, puede criar niños positivos en un mundo negativo".[3] Comience mostrando una actitud positiva y confesando abiertamente la voluntad de Dios para sus hijos:

+ "¡Mis hijos son una herencia de Dios!".

+ "¡Mis hijos son parte del fruto de mi vida!".

+ "¡Mis hijos son una recompensa de Dios!".

+ "¡Mis hijos son una bendición!".

+ "¡Mis hijos caminarán en la luz!".

+ "¡Mis hijos están en las manos de Dios!".

+ "¡Mis hijos cumplirán su destino!".

+ "Mis hijos serán usados por Dios para cambiar este
   mundo".

+ "¡Mis hijos y yo estamos construyendo una relación con
   un valor permanente!".

Pero los padres no pueden hacer este tipo de declaraciones a menos que
crean lo que dice el Salmo 127:3. Yo estoy seguro de que usted no tendrá
ninguna dificultad en enumerar los muchos "dones" de Dios en su vida: sus
posesiones, sus capacidades, su llamado, o su intelecto. Todas son cosas maravillosas. Sin embargo, ninguna de ellas lleva su código genético. Sus hijos
sí. Cuanto más usted viva, más irá entendiendo este misterio.

Aprópiese de las promesas

No es suficiente conocer las promesas de Dios. Usted debe activarlas en
la vida de sus hijos. El Salmo 127:3 dice que sus hijos son una bendición
y una recompensa de Dios. Esto significa que él está muy interesado en
su familia. Él quiere que estas promesas se manifiesten en sus vidas.

El mundo parece estar oscureciéndose con cada nueva generación.
Como un ser con muchos tentáculos, la oscuridad espiritual está
envolviendo las mentes y los corazones de nuestros jóvenes. Millones
están siendo aplastados por las drogas, el alcohol, la perversión sexual,
la violencia de pandillas, el ocultismo, el intelectualismo, las religiones
falsas, y otras artimañas y planes del enemigo.

Afortunadamente, en medio de todo este peligro hay un refugio,
un lugar en el que nuestros hijos pueden estar a salvo del peligro. Este
refugio está en las promesas que Dios nos ha dado relacionadas con los
hijos de aquellos padres que mantienen una relación con Él. Cuando
dedicamos nuestros niños a Dios los colocamos bajo la influencia y el
cuidado divino.

Mi esposa Elizabeth y yo a menudo demandamos estas promesas
para nuestros hijos. Le instamos a usted a hacer lo mismo. Apréndaselas
de memoria y con un espíritu de oración proclámelas sobre sus hijos
cada vez que pueda. Declarar estas promesas con fe las liberará para

que se manifiesten en las vidas de sus hijos. Recuerde que las Escrituras enseñan que "La muerte y la vida están en poder de la lengua, y el que la ama comerá de sus frutos" (Pr. 18:21). Es nuestra decisión proclamar vida o muerte sobre nuestra descendencia.

Usted puede usar este libro como un devocional diario, tanto individualmente como en compañía de sus hijos. Puede dedicarse a una nueva promesa cada día o estudiar una promesa cada semana. Cualquiera sea la manera en que decida meditar en estas promesas, cuando termine este libro usted comprenderá y podrá demandar en oración el cumplimiento de todas estas palabras divinas.

El autor E. M. Bounds afirma acertadamente: "Las promesas de Dios dependen de la oración y están condicionadas a que por medio de ella las reclamemos y las aceptemos como reales. Nosotros las invocamos, nos apropiamos de ellas, y las mantenemos en los brazos de la fe a través de la oración [...]. La oración es la que otorga a las promesas su eficiencia, las dirige, las aplica, y las utiliza".[4]

Cada promesa contenida en este libro viene acompañada del texto que la sustenta seguido de una explicación de la promesa que le ayudará a ponerla en acción en su vida. A veces un mismo versículo puede contener varias promesas relacionadas. Si es así, el versículo se repetirá hasta que cada promesa haya sido cubierta. Al final de cada explicación hay una oración que le indicará cómo declarar la promesa. Usted puede repetir las oraciones palabra por palabra o aplicar la creatividad y dejar que el Espíritu Santo le guíe.

No olvide incluir el nombre de su hijo en los espacios en blanco provistos en las oraciones. De hecho la recomendación es que escriba el nombre en la página del libro. Si usted tiene más de un hijo, puede comprar un libro por cada hijo para que cada libro sea un recuerdo personalizado que sus hijos e hijas atesoren por el resto de sus vidas. Al final del libro también encontrará una sección en la que podrá escribir las oraciones que Dios le dé, textos bíblicos adicionales para declarar sobre sus hijos, impresiones que reciba del Espíritu Santo, y alabanzas cuando Dios produzca victorias.

Yo personalmente me esmero en registrar cada palabra que Dios me da, así como cada sueño profético. He aprendido la importancia de reflexionar en los detalles de estas revelaciones inspiradas años después de haberlas recibido, y de alabar a Dios con anticipación por su cumplimiento. Por ello me parece verdaderamente importante que usted mantenga un registro escrito de lo que *Dios ya ha dicho* en relación a sus hijos, pero también de lo que Dios le comunica a usted *personalmente*.

Cualquiera sea la manera en que decida usar este recurso, pase cada página con un corazón lleno de expectativa y esperanza. Este libro puede llegar a ser mucho más que una bendición. Puede convertirse en el eje alrededor del cual girará el futuro de su familia. Le pido a Dios que después de haberlo leído, pueda mirar atrás y ver una transformación tan maravillosa en su familia, que necesite contarles a todos que aferrarse a las promesas de Dios realmente produce cambios.

La impartición de las promesas

No solo es importante que usted ore por las sesenta y cinco promesas contenidas en este libro, sino que busque momentos adecuados para imponer sus manos sobre sus hijos y declararlas sobre ellos. Dios le mostrará el momento y el lugar adecuados. Usted puede hacerlo sutilmente, como si les estuviera expresando amor con un toque, y recitar la promesa de manera silenciosa en su corazón. O puede hacerlo abiertamente, especialmente si su hijo se muestra receptivo y coopera para recibir oración.

Hebreos 6:1–2 enumera la "imposición de manos" como una de las seis doctrinas fundamentales de la Iglesia. Esta es una práctica bíblica, usada muchas veces cuando se ora por sanación, y en la ordenación de ancianos. Curiosamente, el primer registro de la imposición de manos está relacionado con la bendición de niños. En Génesis 48:16 vemos a Jacob imponiendo sus manos sobre sus nietos Efraín y Manasés, con las palabras: "el ángel que me liberta de todo mal, bendiga a estos jóvenes".

El "ángel" al que se refiere aquí Jacob es "el ángel de Jehová", o algo que los teólogos llaman "cristofanía": La aparición del Señor Jesús antes de su encarnación. Jacob luchó con este "ángel" durante toda la noche, para declarar finalmente: "Vi a Dios cara a cara" (Gn. 32:30; ver también Os. 12:3–4). Este era el Dios de Abraham, Isaac, y Jacob en forma humana; el que prosperó a Jacob y lo sustentó durante todas las etapas de su vida. A este "ángel de Jehová" Jacob le insistió: "No te dejaré, si no me bendices" (Gn. 32:26). Dios respondió y la bendición fue concedida. El nombre de Jacob fue cambiado a Israel, porque había luchado con Dios y con los hombres y había prevalecido.

Muchos años después Jacob deseaba perpetuar esta bendición pasándola a sus nietos. Por tal motivo, declaró lo que deseaba para sus vidas imponiéndoles las manos. Pero no lo hizo a través de un ritual almidonado llevado a cabo con un traje religioso especial en algún lugar sagrado. Fue una ceremonia sencilla y privada en familia que resultó en una poderosa impartición.

El resultado fue una bendición invisible que permaneció con sus nietos durante el resto de sus vidas, y que se manifestó de maneras muy tangibles y visibles. Las consecuencias de este acontecimiento fueron tan importantes, cruciales y perpetuas, que colocaron a Jacob en la lista de los "héroes de la fe" registrados en Hebreos 11. ¿No llama esto poderosamente la atención?

No olvide tampoco esto: Jacob no contaba con ninguna promesa escrita en algún registro sagrado en la cual apoyar su fe. Su motivación principal era la manera en que Dios había perpetuado su bendición sobre su propio linaje: desde sus abuelos Abraham y Sara hasta sus padres Isaac y Rebeca, y luego en sus propia vida. Como sus ancestros habían mantenido su pacto con Dios, Jacob esperaba ser bendecido y ser un conductor de esa bendición para su descendencia. Si Jacob, con la información limitada que tenía, pudo orar de manera efectiva por sus nietos, ¿no vamos a poder nosotros ser capaces de buscar a Dios con altas expectativas? Nosotros tenemos un fundamento mucho más sólido para nuestra fe: la historia completa de la intervención de Dios en la tierra tanto en el Antiguo como en el Nuevo Testamento.

Pero Jacob no es nuestro único ejemplo en esto. Jesús también impuso sus manos sobre los niños (Mt. 19:13–15), y Él es nuestro principal modelo a seguir. Si el Hijo de Dios lo hizo, nosotros también debemos hacerlo. No puedo dejar de preguntarme si en Mateo 19 el Señor habrá declarado sobre los niños algunas de las promesas discutidas en este libro. Si fue así, estas sin duda alguna tuvieron sus consecuencias. Cómo me gustaría conocer el "resto de la historia", en qué se convirtieron esos niños y qué gran potencial fue despertado en sus vidas solo porque Jesús impuso sus manos sobre ellos y los bendijo.

¿Y qué podemos decir de sus hijos? ¿Qué enorme potencial y qué propósito podrían ser liberados en sus vidas si usted siguiera el ejemplo de Jacob y del Señor imponiendo sus manos sobre ellos? Jamás lo sabrá si no lo intenta.

A LA ESPERA DE LAS PROMESAS

Qué maravilloso sería poder decir que Dios siempre cumple sus promesas inmediatamente. Pero ese no es el caso. A veces Dios responde en el momento, pero muchas veces tenemos que contender "ardientemente por la fe" (Jud. 3). Los que buscan hacer suyas las promesas de Dios deben estar listos para pelear "la buena batalla de la fe" (1 Tim. 6:12). Deben pelear diariamente contra todas las dudas y temores que nublan la mente y evitan que "recuperemos nuestras posesiones" (ver Ab. 17).

Dios entregó la tierra prometida a los hijos de Israel, pero ellos tenían que seguir luchando por obtener lo que les pertenecía por derecho. Lo mismo ocurre con su semilla. Hebreos 11:33 dice que fue "por fe" que se obtuvo la promesa. Pero el capítulo deja claro que este es un proceso que toma tiempo. Solo fíjese en algunos de los héroes de la fe que menciona.

- Noé esperó ciento veinte años y soportó mucho rechazo y burlas antes de que se cumpliera su promesa.

- Abraham y Sara esperaron veinticinco años para que se cumpliera la promesa que Dios les había hecho, mientras sus cuerpos envejecían y se hacían menos capaces de cumplir la promesa de Dios.

✦ José esperó trece años para que la promesa se hiciera realidad, y soportó una serie de terribles traiciones y desengaños antes de que el faraón lo ascendiera a un cargo de autoridad en Egipto.

No es de extrañar entonces que las Escrituras nos animen a ser seguidores (o imitadores) de "aquellos que por la fe y la paciencia heredan las promesas" (Heb. 6:12). Paciencia es saber aferrarse a algo. Es esperar en la fe a que las promesas se manifiesten. Es soportar todas las desilusiones y frustraciones que puedan surgir.

Durante este ínterin entre la promesa y su cumplimiento simplemente se nos pide que "esperemos en el Señor". Sin embargo, esto no significa relajar o abandonar todo el esfuerzo personal. Tal vez la mejor definición de disciplina espiritual es esta: *permanecer de manera pacífica, devota, paciente, apasionada, y persistente en la presencia de Dios, mirando el futuro con esperanza y expectativa.*

Esperar en Dios requiere perseverancia en la oración, pero también la disposición de aceptar los tiempos de Dios en cuanto al asunto. Quienes adoptan esta actitud en su corazón mantienen una confianza subyacente en que el Padre finalmente llevará a cabo lo que ha prometido cuando sea el momento apropiado y efectivo. Hay en la Biblia pasajes que apoyan lo inteligente, valioso, y necesario que es "esperar en Dios". A continuación algunos de los mejores:

"Aguarda a Jehová; esfuérzate, y aliéntese tu corazón; sí, espera a Jehová" (Sal. 27:14).

"Guarda silencio ante Jehová, y espera en él" (Sal. 37:7).

"Esperé yo a Jehová, esperó mi alma; en su palabra he esperado. Mi alma espera a Jehová más que los centinelas a la mañana, más que los vigilantes a la mañana" (Sal. 130:5–6).

"Pero los que esperan a Jehová tendrán nuevas fuerzas; levantarán alas como las águilas; correrán, y no se cansarán; caminarán, y no se fatigarán" (Is. 40:31).

Así que adelante, abra sus "alas de águila" y elévese. Pídale a Dios que lo ayude a ver las cosas desde una perspectiva más elevada. No se agote agitando sus alas rápidamente como un gorrión. Deje que la corriente del Espíritu Santo lo lleve.

Pero lo más importante, tome la decisión de amar a sus hijos y de disfrutarlos tal como son mientras espera a que Dios obre y los coloque donde deben estar. Durante esta etapa intermedia usted puede implementar los sabios consejos que Diana Loomans comparte en su maravilloso poema que evoca su papel como madre:

"Si tuviera que volver a criar a mi hijo
pintaría más con el dedo, y lo señalaría menos.
Haría menos correcciones y más conexiones.
Apartaría los ojos del reloj y los utilizaría para observar.
Me interesaría en saber menos y en aprender a interesarme más.
Haría más excursiones y volaría más cometas.
Dejaría de mostrarme seria y jugaría más en serio.
Atravesaría más campos y contemplaría más estrellas.
Daría más abrazos y menos tirones de orejas.
Sería menos firme, y afirmaría mucho más.
Construiría la autoestima primero, y la casa después.
Enseñaría menos sobre el amor al poder,
y más sobre el poder del amor".[5]

¡Estoy de acuerdo! Necesitamos concentrarnos en enseñar y modelar "el poder del amor". Necesitamos "contemplar con la fe" aquellos que no podemos ver; el roble adentro de la bellota; celebrar el resultado esperado mientras esperamos que nuestra "semilla" germine y crezca. En vez de estarle recordando a Dios las fallas de sus hijos, ¡alábelo por lo que Él hará por ellos! Alábelo por el producto final; los "árboles de justicia", que son sin duda "plantío de Jehová" (Is. 61:3).

"Bienaventurados todos los que confían en él" (Is. 30:18).

El Señor está edificando su casa

¡Allí lo tiene! Los cimientos han sido echados. Ahora usted está listo o lista para construir. Pero recuerde reconocer siempre el papel de Dios en el proceso. El primer versículo del Salmo 127 (un capítulo mencionado varias veces en este libro) afirma: "Si Jehová no edificare la casa, en vano trabajan los que la edifican". Entonces, invite a Dios ahora a ser el director de su "proyecto de construcción familiar". Él cumplirá con usted alegremente, pues Él ha declarado: "La maldición de Jehová está en la casa del impío, *pero bendecirá la morada de los justos*" (Pr. 3:33, itálicas añadidas).

Dios es claro en este versículo. Él bendecirá la casa de los justos. Proclame entonces estas palabras sobre su casa con certeza y seguridad. Acérquese sin titubeos al trono de Dios como lo hizo Jacob. En oración, implore: "No te dejaré ir Señor hasta que hagas esto. Hasta que bendigas mi hogar, y hasta que bendigas mi descendencia. Tú eres el Dios de Abraham, Isaac y Jacob. Tú tienes planes que se extienden por las generaciones. Creo que has reservado lo mejor de ti para mi semilla. Por lo tanto, demando resultados maravillosos en el nombre de Jesús, amén" (ver Gn. 32:26; Mt. 22:32).

Cuando lleguen estos logros, por favor contáctenos por correo o correo electrónico, y comparta con nosotros su experiencia. Le amamos, ¡y estamos orando para que Dios realmente produzca un milagro en su familia!

Por medio de las cuales nos ha dado preciosas y grandísimas promesas...

—2 Pedro 1:4, **énfasis añadido**

Promesa [pronombre]—*una declaración de que uno hará o dejará de hacer algo específico; una declaración vinculante que le otorga a la persona a quien se le hace el derecho de esperar o demandar la ejecución o contención de un acto específico.*[6]

VIDA

"A los cielos y a la tierra llamo por testigos hoy contra vosotros,
que os he puesto delante la vida y la muerte, la bendición y la
maldición; escoge, pues, la vida, para que vivas tú y tu descendencia;
amando a Jehová tu Dios, atendiendo a su voz, y siguiéndole a
él; porque él es vida para ti, y prolongación de tus días; a fin de
que habites sobre la tierra que juró Jehová a tus padres, Abraham,
Isaac y Jacob, que les había de dar" (Dt. 30:19–20).

A L LEERLO, ESTE pasaje ofrece la promesa de una vida física larga y
próspera (ver Sal. 91:14–16). Pero va más allá. También se refiere
a la "vida" en el sentido mental, emocional, y espiritual. La rabia, el orgullo, los deseos, la depresión, el miedo, y la rebelión, son actitudes que
lo alejarán a usted y a sus hijos del plan de Dios para sus vidas. ¡Un hogar
dominado por estas actitudes será un hogar sombrío, dominado por la
"muerte"! Cuando los padres "escogen la vida" tienden a desarrollar actitudes completamente opuestas: amor, humildad, desprendimiento, gozo,
fe, y obediencia a Dios. Estas actitudes que avivan el corazón son transferidas a los hijos, y la vida que Dios ofrece también los cubre.

DECLARE EN ORACIÓN

Señor, demando esta promesa de Deuteronomio 30. He escogido vivir
por Dios y su verdad, y por lo tanto, creo que mi hijo recibirá vida
espiritual. Te pido que él/ella continúe la tradición familiar de decidirse
por la vida y recibir la vida que Dios ofrece. Al hacerlo, _____
escapará de los resultados destructivos de una vida de pecado. Declaro
que los atributos vivificantes de la naturaleza de Dios: amor, gozo, paz,
rectitud, y bondad, llenarán nuestro hogar, nuestras vidas, y nuestras
relaciones. Sí, escojo la vida tanto para mí como para mi descendencia.
En el nombre de Jesús, ¡amén (que así sea)!

2

OBEDIENCIA

*"A los cielos y a la tierra llamo por testigos hoy contra vosotros,
que os he puesto delante la vida y la muerte, la bendición y la
maldición; escoge, pues, la vida, para que vivas tú y tu descendencia;
amando a Jehová tu Dios, atendiendo a su voz, y siguiéndole a
él; porque él es vida para ti, y prolongación de tus días; a fin de
que habites sobre la tierra que juró Jehová a tus padres, Abraham,
Isaac y Jacob, que les había de dar"* (Dt. 30:19–20).

CUANDO COMO CREYENTES escogemos la vida, automáticamente estamos escogiendo obedecer. Por otra parte, si desobedecemos a Dios, estamos escogiendo la muerte. Esto es fácil de entender. La Biblia es verdaderamente clara en este asunto. Al principio Dios advirtió a Adán y a Eva: "De todo árbol del huerto podrás comer; mas del árbol de la ciencia del bien y del mal no comerás; porque el día que de él comieres, ciertamente morirás" (Gn. 2:16–17).

Cuando Adán y Eva escogieron desobedecer, escogieron la muerte, y traspasaron la maldición de la muerte a su descendencia. Quienes escogen la vida viven en obediencia a Dios. Al hacerlo, transmiten el legado de vida y obediencia a su semilla. ¿Ha escuchado el refrán: "De tal palo, tal astilla"? Pues así es como funciona.

DECLARE EN ORACIÓN

*Señor, reclamo esta promesa de Deuteronomio 30. Rechazo la muerte
espiritual que produce vivir en pecado. En su lugar, escojo la vida.
Escojo la rectitud. Escojo vivir en obediencia a tu Palabra y tu voluntad.
Como respuesta, sé que harás descender un espíritu de obediencia
sobre _____. En vez de la maldición de la muerte, él/ella
heredará un legado de vida física, mental, emocional y espiritual. Vivirá
de manera obediente cada día de su vida. En el nombre de Jesús, ¡amén
(que así sea)!*

CIRCUNCISIÓN DEL CORAZÓN

"Y circuncidará Jehová tu Dios tu corazón, y el corazón de
tu descendencia, para que ames a Jehová tu Dios con todo tu
corazón y con toda tu alma, a fin de que vivas" (Dt. 30:6).

La circuncisión consiste en cortar el prepucio del varón, en un procedimiento que se realiza generalmente poco después de haber nacido. Es un símbolo que representa la manera en que Dios "corta" de nuestro corazón las actitudes carnales que nos impiden amarlo y servirle.

Muchas veces pensamos que la simple instrucción y la disciplina efectuarán estos cambios en nuestros hijos. En este versículo Dios promete hacerlo de forma sobrenatural. Convencer a un hijo por medio de la lógica y la razón nunca será tan poderoso como tener un encuentro con Dios que lo transforme desde adentro. Alabado sea nuestro Dios altísimo, por que Él ha prometido hacer precisamente eso (Ro. 2:28–29).

DECLARE EN ORACIÓN

Señor, reclamo para mi hijo(a) un corazón circuncidado, de manera que "cortes" de su corazón la mundanalidad, la carnalidad, y la sensualidad que pudiera corromperle. Reconozco esta liberación como una promesa divina, un acto sobrenatural de Dios, y no como algo que yo pueda lograr por mera instrucción religiosa. Confío, Señor, en que obrarás esta asombrosa transformación interna en _____, y que le darás un corazón circuncidado. En el nombre de Jesús, ¡amén (que así sea)!

4

AMOR POR DIOS

"Y circuncidará Jehová tu Dios tu corazón, y el corazón de
tu descendencia, para que ames a Jehová tu Dios con todo tu
corazón y con toda tu alma, a fin de que vivas" (Dt. 30:6).

UNA VEZ QUE el corazón de alguien ha sido circuncidado, se despierta en él el potencial de amar apasionadamente a su Padre celestial. Romanos 5:5 dice: "El amor de Dios ha sido derramado en nuestros corazones por el Espíritu Santo que nos fue dado". Sin lugar a dudas, esta es obra de Dios.

Dios promete que aquellos a quienes "circuncida" amarán a Dios con todo su corazón. Cuando esto ocurre, los niños son automáticamente atraídos a aquellas cosas que agradan a Dios, y que tienen valor eterno. Esta impartición de amor es tan importante que el mismo Jesús culminó su ministerio terrenal intercediendo para que el amor del Padre morara en todos los nuevos creyentes (Jn. 17:26). Si Él oró pidiendo esto para nosotros, nosotros también podemos pedirlo para nuestros hijos.

DECLARE EN ORACIÓN

Señor, admito que solo tú puedes despertar pasión por las cosas de Dios en el corazón de mi hijo. Confío en que lo harás. Creo que _____ no solo te amará a ti, sino que amará las cosas que te agradan, como la verdad, la rectitud, y la bondad. Creo que _____ será un hijo amoroso, que amará a su familia y a los integrantes del Cuerpo de Cristo, así como a aquellos en este mundo que aún no han encontrado el camino. Sí, confieso que el amor de Dios será derramado en el corazón de mi hijo. En el nombre de Jesús, ¡amén (que así sea)!

UNA RELACIÓN DE PACTO

"Conoce, pues, que Jehová tu Dios es Dios, Dios fiel, que guarda el pacto y la misericordia a los que le aman y guardan sus mandamientos, hasta mil generaciones" (Dt. 7:9).

UN PACTO ES una alianza entre dos o más partes que se comprometen a cumplir con ciertas obligaciones. Cuando rendimos nuestros corazones al Señor Jesucristo, establecemos una relación de pacto con Él. Él por su parte se compromete a estar siempre con nosotros, perdonarnos nuestros pecados, cumplir sus promesas, y preservarnos para vida eterna.

El pacto también se extiende a nuestra descendencia. Por supuesto, ellos deben rendirse a Dios para poder recibir la plenitud de todas las bendiciones y beneficios del pacto, pero el versículo deja implícito que ellos automáticamente tienen cierto nivel de conexión en el pacto con Dios simplemente porque sus padres ya tienen una relación con Él. ¿Desea pruebas? Recuerde lo que Dios le dijo a Noé: "He aquí que yo establezco mi pacto con vosotros, *y con vuestros descendientes después de vosotros*" (Gn. 9:9, itálicas añadidas). El Dios de Noé es nuestro Dios, y así como Él pensaba en ese momento, con toda seguridad piensa ahora.

DECLARE EN ORACIÓN

Señor, declaro que mantengo una relación de pacto contigo, convencido de que mis descendientes entran en ese pacto. Estoy comprometido contigo, y tú estás comprometido conmigo. Sé que honrarás nuestra relación comprometiéndote también en el bienestar de mi hijo en cuerpo, alma, y espíritu. Sé que le concederás a _____ la capacidad de mantener el pacto contigo, y prosperarás todos los días de su vida. En el nombre de Jesús, ¡amén (que así sea)!

MISERICORDIA

"Conoce, pues, que Jehová tu Dios es Dios, Dios fiel, que
guarda el pacto y la misericordia a los que le aman y guardan
sus mandamientos, hasta mil generaciones" (Dt. 7:9).

TENER MISERICORDIA ES mostrar compasión, especialmente hacia alguien que ha cometido un acto criminal. Todos, de alguna manera, somos criminales, pues hemos trasgredido las leyes de Dios. Tito 3:5 dice que Dios nos salva "no por obras de justicia que nosotros hubiéramos hecho, sino por su misericordia". Según Deuteronomio 7:9, Dios también guarda una reserva de misericordia para nuestra semilla, de manera que cuando la necesiten, su compasión divina se derramará en sus vidas.

Dios prometió preservar la dinastía de David para siempre. Si su descendencia pecaba, sería corregida; pero la misericordia divina protegería el trono davídico. Cuando Salomón, el hijo de David, le pidió a Dios que bendijera el templo durante su dedicación, le recordó al Señor su promesa de que sus "misericordias" estarían sobre la semilla de David (Is. 55:3). Dios respondió enviando una gloria tan intensa sobre el templo que el sacerdote ni siquiera pudo entrar a él (2 Cr. 6:41–7:3). Este acontecimiento ilustra la forma poderosa en que Dios honra a los padres que le sirven. Si Él lo hizo por la semilla de David, también lo hará por nosotros.

DECLARE EN ORACIÓN

Señor, sé que guardas misericordia para la semilla de los justos. Si mi hijo(a) se equivoca en la vida, sé que tu misericordia le hará volver a ti. Señor, ten misericordia de _____ y libéralo en cada prueba, tentación, error, o desilusión. Apelo a ti, Padre de las misericordias, para que hagas de mi hijo(a) un recipiente sobre el cual derrames tu gloria, y a través del cual expreses misericordia a otros. En el nombre de Jesús, ¡amén!

SALVACIÓN

"Cree en el Señor Jesucristo, y serás salvo, tú y tu casa" (Hch. 16:31).

PARECE INCREÍBLE, PERO esta promesa no le fue hecha a un santo veterano, sino a un incrédulo que estaba a punto de suicidarse. Dios acababa de responder la alabanza de Pablo y Silas por medio de un terremoto que abrió las puertas de la prisión en la que estaban cautivos. Al suponer que los prisioneros habían escapado, el carcelero de Filipos decidió quitarse la vida.

"Mas Pablo clamó a gran voz, diciendo: No te hagas ningún mal, pues todos estamos aquí. Él entonces, pidiendo luz, se precipitó adentro, y temblando, se postró a los pies de Pablo y de Silas; y sacándolos, les dijo: Señores, ¿qué debo hacer para ser salvo? Ellos dijeron: Cree en el Señor Jesucristo, y serás salvo, tú y tu casa" (Hch. 16:28–31).

Si un hombre que acaba de entrar en la fe puede recibir este compromiso maravilloso de parte de Dios, ¡cuánto más no lo recibirán aquellos que han peleado la buena batalla de la fe durante años! Nosotros los creyentes tenemos el derecho de demandar nuestras familias para el Reino, pues el Rey ha prometido: "Tu pleito yo lo defenderé, y yo salvaré a tus hijos" (Is. 49:25). Salvación significa liberación, así que Dios promete liberar a nuestros hijos.

DECLARE EN ORACIÓN

Señor, basado en estas promesas, reclamo la salvación para mi hijo(a). Sé que tú lucharás contra cualquier fuerza satánica que pretenda meterse con mi familia. Tú eres el Dios de un ejército de ángeles que han sido "enviados para servicio a favor de los que serán herederos de la salvación" (Heb. 1:14). Envíalos Señor, para que protejan y defiendan a mi hijo(a). Te pido que salves a _____ de los engaños de este mundo y le concedas todos los beneficios de la salvación. En el nombre de Jesús, ¡amén (que así sea)!

UN LEGADO DE INTEGRIDAD

*"Camina en su integridad el justo; sus hijos son
dichosos después de él" (Pr. 20:7).*

INTEGRIDAD SIGNIFICA AJUSTARSE de manera estricta a un código de valores morales. Los hombres y las mujeres de integridad sienten pasión por la honestidad, la sinceridad, y la verdad. Esta actitud de vida tiende a producir éxito y prosperidad, lo que generalmente se manifiesta en una vida bien vivida.

Hay dos razones principales por las que los descendientes de esta clase de personas son bendecidos. La primera es que la fidelidad a un sistema de valores produce estabilidad en el hogar, una atmósfera sana que lleva a criar hijos sanos. La segunda es que dejan un legado de integridad. Su estilo de vida íntegro, con todos sus beneficios, es transferido a las siguientes generaciones.

Otras dos traducciones de la Biblia expresan el mismo pasaje en términos interesantes. La versión Dios Habla Hoy dice: "¡Felices los hijos que deja quien ha vivido con rectitud y honradez!". Y la Palabra de Dios para Todos cierra con: "¡Qué afortunados son los hijos que vienen después!".

Declare en oración

Padre eterno, te agradezco primeramente por la bendición de poder llevar una vida íntegra, y el privilegio de poder dejar esta herencia a mis hijos. Ayúdame a ser honesto incluso cuando el engaño parezca más conveniente. Que mi compromiso se haga manifiesto cuando me tiente la transgresión. Que la sinceridad proteja mi alma cuando la hipocresía me aceche. Que mi corazón permanezca puro y sólido en sus principios cuando la inmoralidad merodee mi mente. Permite que sea un modelo a seguir para mi hijo(a). Dame la virtud de ser fuerte en estos aspectos del carácter, y transferir este legado de fortaleza interna a _____ con todos sus beneficios y bendiciones. En el nombre de Jesús, ¡amén (que así sea)!

PROVISIÓN

"Joven fui, y he envejecido, y no he visto justo desamparado,
ni su descendencia que mendigue pan" (Sal. 37:25).

¡QUÉ TRANQUILIDAD DA saber que si vivimos rectamente como padres, Dios en su justicia proveerá a nuestra descendencia todas las provisiones necesarias! Por supuesto que en un mundo marcado por la pobreza y la carencia encontraremos excepciones. Sin embargo, en términos generales, podemos estar seguros de que así ocurrirá.

En la Biblia hay casos extremos que alientan nuestra fe. ¿Recuerda la sabiduría que Dios le dio a José, la cual permitió que su familia no pasara necesidad durante los siete años que duró la hambruna? ¿Y el maná que cayó del cielo durante la travesía de Israel por el desierto? ¿Qué me dice de la viuda y su hijo, quienes estaban a punto de morir de hambre cuando Elías profetizó que una tinaja de harina y una vasija de aceite jamás se agotarían? Y por supuesto, tenemos el ejemplo más poderoso, el de Jesús, quien multiplicó los panes y los peces para alimentar a la multitud. Si Él se ocupó de sus hijos en ese entonces, Él puede ocuparse de nosotros y de nuestros hijos ahora.

DECLARE EN ORACIÓN

Amado Dios, declaro sobre mi familia que tú eres el Señor, nuestro proveedor. Sé que siempre proveerás abundantemente para mis hijos. Te pido que incluso en los momentos difíciles, _____ jamás les falte un techo y suficiente alimento. Te alabo por guiar a _____ a elegir la carrera correcta y darle las mejores oportunidades laborales y el mejor ingreso posible. Delante de tu trono declaro que mi semilla jamás tendrá que mendigar. Socorre siempre a _____ y permite que las puertas de la oportunidad siempre se abran delante de él/ella, tanto material como espiritualmente. En el nombre de Jesús, ¡amén (que así sea)!

TRANSFORMADORES DEL MUNDO

"¿Quién es el hombre que teme a Jehová? Él le enseñará
el camino que ha de escoger. Gozará él de bienestar, y su
descendencia heredará la tierra" (Sal. 25:12–13).

ESTA PROMESA VA mucho más allá de la simple posesión de bienes raíces. A un nivel más elevado, "heredar la tierra" significa tener el poder y la influencia para transformar individuos o sociedades enteras en los valores y el carácter del Reino de Dios. Esto puede darse en la descendencia del creyente a nivel local o global, al "heredar" todo, desde vecindarios hasta naciones (ver Sal. 2:8; Isaías 54:3).

Un buen ejemplo lo tenemos en Martin Luther King, Jr. Sus padres fueron cristianos consagrados, y tanto su padre como su abuelo fueron predicadores. Cuando Martin tenía unos diecisiete años le fue transferido el "manto ministerial". A pesar de que él nunca ocupó un cargo político, ni tuvo grandes propiedades. Martin Luther King Jr. "heredó la tierra" de una manera más elevada. Cuando comenzó a promover de manera desinteresada la igualdad racial en Alabama, Dios comenzó a promoverlo a una posición de relevancia internacional. Si usted ha consagrado su vida al Señor Jesucristo, espere que Él despierte en su hijo o hija un potencial similar para transformar el mundo y hacer historia.

DECLARE EN ORACIÓN

Señor, te pido que _____ "herede la tierra", de manera que
él/ella sea una persona de influencia en el mundo. Sé que a través de mi
hijo(a) modelarás los valores de su generación de una manera positiva y
poderosa. Declaro que _____ heredará la tierra de manera
literal, reinando y gobernando contigo en el Reino venidero, por los siglos
de los siglos. En el nombre de Jesús, ¡amén (que así sea)!

11

EL DERRAMAMIENTO DEL ESPÍRITU DE DIOS

"Pues derramaré agua para calmar tu sed y para regar tus campos resecos; derramaré mi Espíritu sobre tus descendientes, y mi bendición sobre tus hijos" (Is. 44:3, NTV).

L A EXPERIENCIA MÁS importante que todo hijo o hija puede tener es experimentar un encuentro real y personal con el Dios vivo. No es suficiente con que los hijos vean la realidad de Dios en las vidas de sus padres. Deben experimentarla ellos mismos. Si estamos sedientos de Dios, el Padre promete hacer eso: derramar el agua viva de su Espíritu en las vidas de nuestros hijos.

Dios ha prometido que Él estará "con la generación de los justos" (Sal. 14:5). Por lo tanto, si tenemos "sed de justicia" (Mt. 5:6) y andamos "por el camino de los buenos" (Pr. 2:20), Dios promete estar con nuestros hijos, e influir sus vidas con su la presencia de su Espíritu. Obviamente, nuestros hijos deben tomar la decisión personal de aceptar a Jesús para que el Salvador pueda morar en sus corazones, pero hasta que no ocurra ese renacimiento espiritual, aparentemente nuestra decisión de servir a Dios hace que su Espíritu se mantenga con ellos de una manera especial, atrayéndolos a Él.

DECLARE EN ORACIÓN

Señor, tengo sed de ti. Te pido que tú agua viva llene mi alma y fluya también a través de mi hijo(a). Declaro que su vida jamás será un desierto, sino que florecerá con la belleza del Señor y producirá frutos para tu Reino. Tengo sed de justicia, y por eso sé que tu presencia siempre estará cuidando, guiando, e instruyendo a mi hijo(a) en cada situación. Te pido que cuando _____ comience a buscarte y a tomar de tu presencia, esta agua espiritual se convierta en un pozo que fluya a través de él/ella para vida eterna. En el nombre de Jesús, ¡amén (que así sea)!

EL DERRAMAMIENTO DE LA BENDICIÓN DE DIOS

"Pues derramaré agua para calmar tu sed y para regar tus campos resecos; derramaré mi Espíritu sobre tus descendientes, y mi bendición sobre tus hijos. Prosperarán como la hierba bien regada, como sauces en la ribera de un río" (Is. 44:3–4, NTV).

EN ESTE PASAJE Dios promete derramar dos cosas sobre los hijos de aquellos que tienen sed de Él: Su Espíritu Santo y su bendición. Una bendición es un beneficio divino que genera felicidad, plenitud, o realización en la vida de una persona. Cuando Dios derrama su bendición sobre nuestros hijos, podemos estar seguros de que sus necesidades físicas, materiales, mentales, emocionales y espirituales serán satisfechas.

Los hijos bendecidos son hijos felices. No tienen personalidades fragmentadas ni vacíos en sus vidas. Se sienten colmados y satisfechos, realizando el propósito de Dios. Tienden a buscar traspasar su bendición a otros, para que esta bendición pueda llenar la tierra.

DECLARE EN ORACIÓN

Señor Dios, te agradezco por fe por la bendición que derramas sobre mi hijo(a). Permite que esta caiga como lluvia desde el cielo. Sé que esta bendición divina se hará evidente en cada aspecto de su vida: físico, material, social, emocional y mental. Tu Palabra declara que "la bendición de Jehová es la que enriquece, y no añade tristeza con ella" (Pr. 10:22). Gracias por enriquecer la vida de _____ con todos los beneficios que has prometido en tu palabra, y coronar su vida con lo mejor que el cielo puede proveer. En el nombre de Jesús, ¡amén (que así sea)!

CRECIMIENTO ESPIRITUAL: HIJOS ÚNICOS Y EXTRAORDINARIOS

"Pues derramaré agua para calmar tu sed y para regar tus campos resecos; derramaré mi Espíritu sobre tus descendientes, y mi bendición sobre tus hijos. Prosperarán como la hierba bien regada, como sauces en la ribera de un río" (Is. 44:3–4, NTV).

CUANDO LOS PADRES permanecen en la verdad, su relación con Dios produce "ríos de agua viva" (Jn. 7:38) que fluyen de manera continua hacia las vidas de sus hijos. Esto los nutre espiritualmente, y los ayuda a crecer. Los hijos son "regados" constantemente por el ejemplo de sus padres y la educación que estos les imparten; y como resultado, crecen en Dios. De hecho, los árboles no paran de crecer. La Biblia dice que Juan el Bautista, e incluso el Señor Jesús, "crecían" y se "fortalecían en espíritu" cuando eran niños (Lc. 1:80; 2:40).

Como dice nuestro versículo de hoy, los descendientes de los justos "prosperarán [...] como sauces en la ribera de un río". Las hojas colgantes de los sauces nos recuerdan nuestra necesidad de ser humildes delante de Dios, y de inclinarnos delante de Él de manera sumisa y en adoración. En este pasaje nuestra semilla es presentada así. Pero el sauce también habla de hijos únicos y extraordinarios que sobresalen en los dones y el llamado que han recibido en sus vidas. Son hijos que resaltan entre la multitud como los sauces contrastan contra el pastizal.

DECLARE EN ORACIÓN

Señor, sé que _____ crecerá delante de ti, y que será humilde, sumiso, y adorador de tu nombre durante toda su vida. Esto lo declaro porque tú has prometido derramar tu Espíritu y tu bendición sobre mis hijos, y así sucederá. Mi hijo(a) _____ crecerá en las cosas de Dios y se alimentará del constante fluir del río de la presencia de Dios en su vida. En el nombre de Jesús, ¡amén!

INSTRUCCIÓN DIVINA

*"Y todos tus hijos serán enseñados por Jehová; y se
multiplicará la paz de tus hijos" (Is. 54:13).*

ESTE VERSÍCULO HABLA literalmente de la descendencia de la Nueva Jerusalén, la ciudad eterna de Dios. Pero Dios presenta a la Nueva Jerusalén como "la novia, la esposa del Cordero" (Ap. 21:9, NVI). En un sentido profético y simbólico, podemos decir entonces que una promesa para los hijos de la Nueva Jerusalén es una promesa para los hijos de aquellos que componen a la novia que la ciudad representa.

¡Cuán reconfortante es saber que Dios mismo enseñará a nuestros hijos! Lo más que podemos hacer nosotros es ayudarlos a entender los misterios del Reino de Dios. Podemos llenar sus mentes con información, pero solo Dios puede llenar sus corazones de revelación, algo que Él promete hacer en este pasaje. Él les concederá discernimiento sobre el carácter humano, y les enseñará cómo ser exitosos en cada aspecto de sus vidas.

DECLARACIÓN DE ORACIÓN

Señor, sé que nadie viene a ti a menos que el Espíritu Santo lo atraiga. También sé que cuando esto ocurre tu Espíritu comienza a dirigir a la persona paso a paso hacia la verdad. Demando este tipo de instrucción divina para mi hijo(a). Declaro que el "espíritu de sabiduría" (Ef. 1:17) abrirá los ojos de _____ a la verdad, y le revelará "aun lo profundo de Dios" (1 Co. 2:10). Sé que también le enseñarás a _____ cómo tener relaciones fructíferas y dirigidas por ti, y le darás una vida exitosa en todos los aspectos. En el nombre de Jesús, ¡amén (que así sea)!

UNA GRAN PAZ

*"Y todos tus hijos serán enseñados por Jehová; y se
multiplicará la paz de tus hijos" (Is. 54:13).*

TENER PAZ ES tener tranquilidad en la mente y el corazón. No significa
tener una vida libre de estrés, sino mantener una actitud serena incluso
en medio de circunstancias traumáticas. Jesús es llamado el "Príncipe de
paz" (Is. 9:6). Cuando Él es invitado a reinar en el corazón, trae muchos
dones consigo, incluyendo su paz. Él promete a sus seguidores: "Mi paz os
doy […]. No se turbe vuestro corazón" (Jn. 14:27).

En nuestro versículo de hoy, Dios promete paz abundante en las vidas
de nuestros hijos. Esta es una paz que va mucho más allá de una simple
emoción humana. La Biblia la describe como "paz […] en el Espíritu
Santo" (Ro. 14:17) y como "la paz de Dios, que sobrepasa todo entendi-
miento" (Flp. 4:7). Por algo Isaías 54:13 la describe como una "gran paz"
(NTV). En este mundo lleno de conflictos, ¡cuán necesaria no resulta esta
promesa salida de los labios del Todopoderoso!

DECLARE EN ORACIÓN

*Señor, creo en lo que tu Palabra promete, de que me extenderás tu
paz "como un río" (Is. 66:12) y que esta paz fluirá hasta alcanzar también el alma de mi hijo(a). Te pido que protejas a _____ de
aquellas cosas que crean estrés, conflictos, y ansiedad en el corazón.
Que _____ siempre tenga "paz para con Dios" (Ro. 5:1), una
relación armoniosa contigo, y que la "paz de Dios" (Flp. 4:7) siempre
more en su ser. Tu Palabra declara que tú eres el Dios de paz. Te pido
que _____ se entregue tanto a tu naturaleza pacífica, que se
convierta en un medio para transferir este maravilloso don a otros. De
esta manera, cumplirá con el llamado a ser un "pacificador" en la tierra
(Mt. 5:9). En el nombre de Jesús, ¡amén (que así sea)!*

JUSTICIA IMPARTIDA

"Mas la misericordia de Jehová es desde la eternidad y hasta la eternidad sobre los que le temen, y su justicia sobre los hijos de los hijos" (Sal. 103:17).

ESTE VERSÍCULO PROMETE que la justicia de Dios, y no solo la que atañe a los asuntos humanos, es transferida a los hijos de los que temen al Señor. Este maravilloso "don de la justicia" también viene como respuesta a la fe (Ro. 5:12–21). "Así Abraham creyó a Dios, y le fue contado por justicia" (Gl. 3:6; ver también Ro. 4:19–25). Obviamente, los descendientes de Abraham no heredaron automáticamente esta impartición de justicia de parte de Dios solo por haber nacido de su linaje, pero sí heredaron el conocimiento de cómo tener acceso a esta maravillosa oportunidad. Y lo mismo ocurre con nuestros hijos.

Mientras los partidarios de la mayoría de las religiones mundiales luchan por alcanzar el vago objetivo de la justificación por las obras, los padres cristianos pueden enseñarles a sus hijos a fundamentar su fe en la cruz, donde a Jesús "por nosotros Dios lo trató como pecador, para que en él recibiéramos la justicia de Dios" (2 Co. 5:21, NVI; ver también Ro. 10:9–10).

DECLARE EN ORACIÓN

Señor Dios, primeramente te pido que mi hijo entienda la justicia que se obtiene como un don de Dios. También te pido que él/ella tenga acceso a esta justicia por fe, y que responda viviendo una vida recta delante de ti cada día. Te pido que _____ tenga "hambre y sed de justicia" (Mt. 5:6), y como resultado, sea lleno "de frutos de justicia" (Flp. 1:11). En el nombre de Jesús, ¡amén (que así sea)!

ESPERANZA DE RESTAURACIÓN

"Esperanza hay también para tu porvenir, dice Jehová, y
los hijos volverán a su propia tierra" (Jer. 31:17).

ESTA ERA PRIMERAMENTE una referencia a los hijos de Israel que fueron llevados como prisioneros de guerra al cautiverio en Babilonia. Esclavizados en una nación extranjera, deseaban ser libres para ver a sus hijos regresar algún día a la tierra prometida. Dios testifica en este pasaje de que sus esperanzas se harían realidad.

Esta promesa también puede ser demandada en un sentido espiritual para aquellos hijos de padres cristianos que se han apartado del camino. Aunque sus hijos han sido "llevados" a la "esclavitud" de un estilo de vida mundanal y están "atados" por el pecado, los padres consagrados pueden confiar en que serán traídos de regreso a su "propia tierra" prometida espiritual, un lugar donde tendrán una relación fructífera y bendecida con el Dios altísimo.

En otro sentido, la promesa se aplica también a todos nosotros. En ella se celebra nuestra esperanza de que regresaremos a la perfección del paraíso original; la "tierra" del jardín del Edén y la intimidad que nuestros primeros padres tuvieron con Dios.

DECLARE EN ORACIÓN

Señor, mientras haya un Dios en el cielo hay esperanza. Si en algún momento _____ se aparta de tu voluntad, o si esto ya ha ocurrido, declaro que él/ella regresará a la "tierra" de la verdad. Te pido que _____ goce de la bendición de morar en la tierra prometida espiritual, un lugar colmado tanto de las promesas de tu Palabra escrita como de aquellas promesas vivas que tú has proclamado sobre su vida. Y lo más importante: Declaro que cuando tú regreses en gloria _____ experimentará la restauración de la perfección del paraíso. En el nombre de Jesús, ¡amén (que así sea)!

PORTADORES UNGIDOS DE FRUTO

"Tu mujer será como vid que lleva fruto a los lados de tu casa; tus hijos como plantas de olivo alrededor de tu mesa" (Sal. 128:3).

ESTA MARAVILLOSA PROMESA tiene tres aspectos importantes. Nos dice que los hijos de los justos serán :

1. *Portadores de fruto.* Las plantas de olivo producen fruto. Simbólicamente esto significa que los hijos del pueblo de Dios producirán fruto. Serán portadores de los frutos del Espíritu (el carácter de Dios), frutos de buenas obras, y frutos de almas ganadas para el Reino de Dios (ver Jn. 4:36; Gl. 5:22–23, Ef. 5:9; Flp. 4:17.)

2. *Espiritualmente fuertes.* Las plantas de olivo son plantas fuertes que pueden crecer en terrenos rocosos y escabrosos. Los hijos de los justos serán entonces capaces, por la gracia de Dios, de sortear los terrenos rocosos y escabrosos que les toque enfrentar en la vida.

3. *Ungidos.* El aceite de oliva es un fuerte símbolo bíblico de la unción del Espíritu Santo. La unción es incluso presentada como "óleo de alegría" (Sal. 45:7; Heb. 1:9), y "óleo de gozo" (Is. 61:3). Dios promete que los hijos de los justos serán productores de unción, y que manifestarán el poder de Dios al ministrar a otros la verdad.

DECLARE EN ORACIÓN

Señor Dios, según el Salmo 128:3 mi hijo(a) será como una planta de olivo en mi mesa. Es decir, _____ producirá mucho fruto y será una bendición para otros y una alabanza viva a Dios en la tierra. Cuando le toque enfrentar lugares rocosos y escabrosos en la vida, sé que mi hijo(a) será capaz de resistir con tu ayuda. Declaro que el "óleo de alegría" (la unción de tu Espíritu Santo), fluirá poderosamente a través de _____ para expandir el Reino de Dios en este mundo. Declaro estas cosas consciente de que tu Palabra no regresará vacía, sino que se cumplirá lo que has prometido. En el nombre de Jesús, ¡amén (que así sea)!

SANTOS ANTE EL SEÑOR

"Porque el marido incrédulo es santificado en la mujer, y la mujer incrédula en el marido; pues de otra manera vuestros hijos serían inmundos, mientras que ahora son santos" (1 Co. 7:14).

ESTA ES UNA promesa reconfortante, especialmente para aquellos hogares divididos en los que uno solo de los padres sirve a Dios. Primeramente, el cónyuge incrédulo es santificado (apartado para Dios) por el compromiso de la otra parte. Esto no significa que los pecados le son perdonados aunque no se haya arrepentido. Significa que la persona está consagrada a Dios gracias a la fe y consagración de su cónyuge. Pareciera que por ese motivo Dios está dispuesto "legalmente" a considerar de una manera especial a esa persona.

Igualmente, los hijos de esta unión son considerados automáticamente santos ante el Señor (separados del mundo y dedicados al Padre). Por supuesto, para que estos hijos reciban el beneficio completo de la salvación Dios les requerirá que se consagren personalmente a él, pero gracias al compromiso de sus padres el camino ha sido allanado para ellos, y les será mucho más fácil recorrerlo.

Declare en oración

Señor Dios, declaro que mi hijo(a) es santo delante de ti, dedicado a ti, y consagrado a tus propósitos. Sé que honrarás mi compromiso contigo separando a _____ del mundo y atrayéndolo a ti. Te pido convencido de que lo harás, que guardes a _____ de la contaminación y corrupción que campean en el mundo actualmente. Por el contrario, declaro que por gracia mi hijo(a) mostrará pasión por las cosas santas y se complacerá en ti. En el nombre de Jesús, ¡amén (que así sea)!

PREGONEROS DE LA PALABRA DE DIOS

"Y este será mi pacto con ellos, dijo Jehová: El Espíritu mío que está sobre ti, y mis palabras que puse en tu boca, no faltarán de tu boca, ni de la boca de tus hijos, ni de la boca de los hijos de tus hijos, dijo Jehová, desde ahora y para siempre" (Is. 59:21).

LAS REVELACIONES DE Dios trascienden las generaciones. Dios imparte ciertos mensajes a través de hombres y mujeres de fe; y para que estos mensajes alcancen su máxima efectividad, muchas veces son transferidos mediante su descendencia.

John y Charles Wesley sacudieron al mundo en su época con la revelación del verdadero evangelio. Pero el mensaje no se originó con ellos. Parte de sus conocimientos, así como su pasión por Dios los recibieron de Samuel y Susana Wesley, los padres amorosos que sembraron la semilla de la verdad en los corazones de estos hermanos. ¿No sería maravilloso que su hijo(a) terminara siendo tan fructífero como estos dos gigantes de la fe? Si ocurrió en el hogar de los Wesley, también puede ocurrir en su hogar.

DECLARE EN ORACIÓN

Señor Dios, te agradezco por todas las verdades que me has revelado. Declaro que estas verdades no terminarán conmigo. Parte del legado que estoy traspasando a mi hijo(a) son tus revelaciones que han transformado mi vida. Señor, tú oraste por tus discípulos diciendo: "[Padre] las palabras que me diste, les he dado" (Jn. 17:8). Te pido que mi hijo(a) _____ también reciba la misma revelación de la verdad que tú me has dado. Te pido que mi hijo sea transformado personalmente por estas revelaciones, y que viva siempre de acuerdo con tu verdad. Te pido que _____ sea una voz poderosa para la verdad en este mundo lleno de engaños espirituales. En el nombre de Jesús, ¡amén (que así sea)!

BAJO LA PROTECCIÓN
DE LOS ÁNGELES

*"Mirad que no menospreciéis a uno de estos pequeños; porque
os digo que sus ángeles en los cielos ven siempre el rostro
de mi Padre que está en los cielos" (Mt. 18:10).*

JESÚS SE ESTABA refiriendo obviamente a todos los niños de la tierra,
y no solo a los hijos de los creyentes. Primero advirtió contra cualquier trato cruel contra estos "pequeños". Luego reveló que cada niño
tiene asignado uno o más ángeles, y que estos seres consultan al Padre
ante cualquier situación adversa en la vida de estos niños. Aparentemente
estos ángeles guardianes están siempre prestos para solicitar la intervención o retribución divina. Si esto ocurre con todos los niños, ¡cuánto más
no ocurrirá con los hijos del pueblo de Dios! (ver Dn. 12:1–2).

En Hebreos 1:14 se explica que los ángeles son "enviados para servicio a
favor de los que serán herederos de la salvación". Eso significa que trabajan
tras bastidores para llevar a cabo la voluntad de Dios en todo lo que esté relacionado con usted, incluyendo sus hijos. Jesús reveló que si Él lo hubiera
pedido, el Padre habría enviado doce legiones de ángeles para defenderlo
(Mt. 26:53). Sin lugar a dudas Él puede hacer lo mismo por nuestros hijos.

DECLARE EN ORACIÓN

*Señor Dios, tú eres el Dios de un ejército de ángeles que están listos y
dispuestos para la batalla. Sé que al menos un ángel ha sido asignado
a _____ y lo vigila para brindarle protección divina. Según tu
Palabra, un solo ángel derrotó a todo el ejército asirio (2 R. 19:35). Por
lo tanto, un solo ángel en la vida de mi hijo(a) es suficiente para traer
liberación en cada área de necesidad. Creo también que hay diversos
espíritus ministrando activamente a nuestra familia para que podamos
heredar todos los beneficios de la salvación. En el nombre de Jesús, ¡amén!*

AFERRADOS A DIOS

"A los cielos y a la tierra llamo por testigos hoy contra vosotros,
que os he puesto delante la vida y la muerte, la bendición y la
maldición; escoge, pues, la vida, para que vivas tú y tu descendencia;
amando a Jehová tu Dios, atendiendo a su voz, y siguiéndole a
él; porque él es vida para ti, y prolongación de tus días; a fin de
que habites sobre la tierra que juró Jehová a tus padres, Abraham,
Isaac y Jacob, que les había de dar" (Dt. 30:19–20).

¿**A**LGUNA VEZ HA visto a un niño asustado aferrado a la falda de su mamá o a los pantalones de su papá con todas sus fuerzas? Esta es la imagen que me llega cuando leo esta promesa. A medida que los padres crecen en su relación con Dios, van adoptando más la postura de aferrarse al Creador en los momentos de dificultad de este mundo de maldad. Esto causa una impresión positiva en las mentes de sus hijos que los impulsa a actuar de la misma manera. Los habitantes de este mundo tienden a aferrarse a una cuerda que se deshace, y muchas veces terminan pereciendo mental, emocional y hasta físicamente. Los hijos de Dios se sostienen a la cadena de esperanza de las promesas de Dios. Al final está el "ancla del alma" (Heb. 6:19), que penetra hasta dentro del velo del tiempo.

DECLARE EN ORACIÓN

Amado Dios, declaro primeramente no solo que creo en ti, sino que me aferro a ti. Mi intención es sostenerme de ti con todas mis fuerzas en los momentos de dificultad. Te pido que despiertes esta misma clase de dependencia en mi hijo(a). Que en vez de aferrarse a las cosas del mundo para su satisfacción, _____ se aferre a ti tan fuertemente que jamás te suelte. Te pido que esta cercanía a ti prevalezca en el corazón de mi hijo(a) durante toda su vida. En el nombre de Jesús, ¡amén (que así sea)!

CREADOS PARA LA GLORIA DE DIOS

"No temas, porque yo estoy contigo; del oriente traeré tu generación, y del occidente te recogeré. Diré al norte: Da acá; y al sur: No detengas; trae de lejos mis hijos, y mis hijas de los confines de la tierra, todos los llamados de mi nombre; para gloria mía los he creado, los formé y los hice" (Is. 43:5–7).

AL LEER ESTOS versículos, debemos levantar nuestros ojos a Dios en señal de adoración. En ellos Dios se refiere a nuestros hijos como sus hijos y sus hijas. En otras palabras, Dios está diciendo: «Como ellos te pertenecen, ellos me pertenecen. Como tú has proclamado mi nombre sobre sus vidas, los reclamo como míos».

Dios también afirma que nuestra descendencia ha sido creada para su gloria. El sistema mundial quisiera seducir a nuestra semilla para que malgaste su vida dando gloria a cosas que tienen poco o ningún valor. Declare sobre su hijo que sus talentos o sus capacidades jamás serán malgastadas en pos de cosas vanas, sino que su vida será únicamente invertida en aquello que da alabanza, honra y gloria al Creador.

Declare en oración

Señor, te pido que atraigas a _____ hacia ti y le liberes de todas las trampas de este mundo. Debido al pacto que compartimos, todo lo que tengo te pertenece. Declaro entonces tu nombre sobre _____, con la seguridad de que tú le reclamarás como tuyo/tuya. Sé que prevendrás que _____ dedique su vida a cosas que glorifiquen únicamente los logros humanos; y que por el contrario, despertarás en él/ella un propósito tan inspirado, que su vida misma te glorificará. En el nombre de Jesús, ¡amén (que así sea)!

UNA CASA FIRME

"Y si prestares oído a todas las cosas que te mandare, y
anduvieres en mis caminos, e hicieres lo recto delante de mis
ojos, guardando mis estatutos y mis mandamientos, como hizo
David mi siervo, yo estaré contigo y te edificaré casa firme, como
la edifiqué a David, y yo te entregaré a Israel" (1 R. 11:38).

AUNQUE ESTA PROMESA estaba originalmente dirigida a una persona particular (Jeroboam, el hijo de Nabat), es aplicable a cualquier padre que se esfuerce en seguir los mandamientos del Señor. Primeramente, Dios está diciendo que el linaje familiar se mantendrá de generación en generación.

En segundo lugar, Dios está prometiendo a los justos: «Sus hijos tendrán un espíritu de resistencia. Pelearán la buena batalla de la fe. Serán tenaces ante el rechazo y la oposición. Perseverarán en la verdad mientras otros se muestran débiles y sucumben ante la influencia de este mundo perverso". Familias e hijos firmes. ¡De eso trata esta doble promesa!

DECLARE EN ORACIÓN

Amado Dios, mi pasión es obedecer tus mandatos y andar en tus caminos. Por lo tanto, tengo el derecho de esperar el cumplimiento de esta promesa. En esta época de gran inestabilidad familiar, sé que tendré una "casa firme". Te pido que este espíritu de firmeza descanse también sobre _____, para que pueda siempre "soportar la tentación" y "resistir las pruebas" "como buen soldado de Jesucristo" (Stg. 1:12; 2 Tim. 2:3). Declaro por fe que _____ será capaz de correr "con perseverancia" (Heb. 12:1, NVI) la carrera que tiene por delante, para llegar exitosamente a la meta, que es el cielo. En el nombre de Jesús, ¡amén (que así sea)!

CRECIMIENTO

*"Aumentará Jehová bendición sobre vosotros; sobre
vosotros y sobre vuestros hijos" (Sal. 115:14).*

EN ESTE VERSÍCULO Dios promete "aumentar" la bendición, pero no especifica en qué aspectos particulares. Lo más probable es que la promesa se aplique a todos los aspectos de nuestras vidas y las vidas de nuestros hijos: un aumento de su paz y su alegría, un aumento de su sabiduría y conocimiento, un aumento en su efectividad y de sus frutos, un aumento en su relación con Dios y su disposición a hacer su voluntad, y un aumento en su prosperidad material.

Al referirse a ciertas iglesias que estaban bajo su cuidado, el apóstol Pablo dijo: "Yo planté, Apolos regó; pero el crecimiento lo ha dado Dios" (1 Co. 3:6). De la misma manera los padres son llamados a plantar la semilla de la verdad en las vidas de sus hijos, y luego regar esas semillas con mucho amor. ¡Pero Dios es quien produce el crecimiento, "por fe y para fe" (Ro. 1:17), "de poder en poder" (Sal. 84:7), y "de gloria en gloria" (2 Co. 3:18)!

DECLARE EN ORACIÓN

Amado Señor del crecimiento y la abundancia, te pido que tengas presente cada semilla de la verdad que he plantado en mi hijo(a). Te pido que estas semillas sean regadas con mucho amor, tanto mío como tuyo, para que germinen, crezcan, y produzcan un crecimiento en cada aspecto de la vida de mi hijo(a). Señor Jesús, así como tú creciste en sabiduría y en estatura, y en gracia para con Dios y los hombres, haz lo mismo con mi hijo(a). Creo y declaro que _____ crecerá "con el crecimiento que da Dios" (Col. 2:19). En el nombre de Jesús, ¡amén (que así sea)!

CONFIANZA SEGURA

*"En el temor del Señor hay confianza segura, y a
los hijos dará refugio"* (Pr. 14:26, LBLA).

A MUCHA GENTE LE falta confianza en la vida. Se sienten intimidados
por otros, paralizados por el pasado, confundidos por el presente,
temerosos por el futuro, y agobiados por las inseguridades y los
sentimientos de inferioridad. Pero eso no ocurre en aquellos que confían
en el Señor. Alguien dijo: "El hombre o la mujer que teme a Dios no
tiene nada que temer".

Si estamos sometidos al liderazgo de Cristo, en Él "tenemos seguridad
y acceso con confianza" (Ef. 3:12). La mayoría estará de acuerdo en
que esto significa que tenemos acceso a la presencia del Padre, pero
también puede significar que tenemos acceso a nuestro destino y nuestro
propósito. Despertar en nuestros hijos esta clase de fe y seguridad forma
parte del legado espiritual que hemos sido llamados a impartirles.

DECLARE EN ORACIÓN

*Señor, te pido que una atmósfera de temor al Señor impregne mi hogar y
cubra mi familia. También una devoción que tiemble ante tu magnitud
y se conmueva en tu presencia. Declaro que tú eres el Señor de este hogar.
La honra y la gloria son para ti. Te pido que esta actitud de temor al
Señor habite siempre en el corazón de _____, y que como resultado, él/ella muestre una confianza segura durante toda su vida. Declaro que él/ella jamás será intimidado/a por otros, ni tendrá temor de
las circunstancias, o se verá sobrepasado/a por las pruebas. Por el contrario, _____ siempre mantendrá una seguridad completa en
ti y en tu gracia. En el nombre de Jesús, ¡amén (que así sea)!*

REFUGIO EN LA TORMENTA

*"En el temor del Señor hay confianza segura, y a
los hijos dará refugio" (Pr. 14:26, LBLA).*

EL TEMOR DEL Señor es el nivel más elevado de reverencia a Dios. Los padres cuyos corazones tienen esta inclinación construyen un refugio para sus hijos en un mundo que muchas veces irrespeta y suprime a Dios. Cuando inculcamos el temor del Señor en las mentes de nuestros hijos, les enseñamos a tener responsabilidad delante de Él, y despertamos en ellos el deseo de ser aceptables ante sus ojos. Esto desarrolla en ellos la confianza de que pueden ser justos delante de Dios, y recibir su provisión y protección.

Sabemos que nubes de tormenta se avizoran en el horizonte espiritual. Cosas tenebrosas han sido predichas sobre este planeta. Este conocimiento profético puede hacer que incluso los creyentes se preocupen por lo que sus hijos tendrán que enfrentar. Pero sabemos que nuestro Salvador es un "resguardo contra la tormenta" (Is. 25:4, NVI). A pesar de los tiempos tumultuosos que se avecinan, el Príncipe de paz vendrá y hará "cesar las guerras hasta los fines de la tierra" (Sal. 46:9). Por eso el salmista concluye alegre: "Jehová de los ejércitos está con nosotros; nuestro *refugio* es el Dios de Jacob" (v. 11, itálicas añadidas). ¡Qué refugio mejor que ese!

DECLARE EN ORACIÓN

Amado Dios, declaro que tengo temor de ti, y me he propuesto inculcar este sentido de reverencia en mi hijo(a). Te doy gloria, y te concedo el lugar más elevado en nuestras vidas. Reverenciamos tu grandeza, santidad, y poder. Por tal motivo, sé que responderás erigiendo una muralla defensiva a nuestro alrededor. Demando tu protección divina para mi hijo(a) en todos los aspectos de su vida, especialmente a medida que nos acercamos al tiempo del fin. A pesar de que este mundo está lleno de peligros y engaños, declaro que _____ siempre tendrá un lugar de refugio en ti. En el nombre de Jesús, ¡amén (que así sea)!

LIBERACIÓN DEL CAUTIVERIO

"Sucederá que cuando hubieren venido sobre ti todas estas cosas, la
bendición y la maldición que he puesto delante de ti, y te arrepintieres
en medio de todas las naciones adonde te hubiere arrojado Jehová
tu Dios, y te convirtieres a Jehová tu Dios, y obedecieres a su voz
conforme a todo lo que yo te mando hoy, tú y tus hijos, con todo tu
corazón y con toda tu alma, entonces Jehová hará volver a tus cautivos,
y tendrá misericordia de ti, y volverá a recogerte de entre todos los
pueblos adonde te hubiere esparcido Jehová tu Dios" (Dt. 30:1–3).

DESDE LA PERSPECTIVA del nuevo pacto, esta promesa está dirigida
de manera especial a aquellas familias que se han apartado del
Señor y que se han arrepentido y regresado a Él. Dios se compromete a
liberarlos del "cautiverio" de los errores de su pasado. Sin embargo, estas
palabras no están dirigidas únicamente a quienes alguna vez se apartaron del camino. Todos podemos identificarnos con esta promesa, ya
que muchas veces nos "apartamos" del objetivo de vivir en fe, obediencia,
y amor. Como resultado, quedamos "cautivos" por el temor, las dudas, la
depresión, la rabia, el resentimiento, y muchas otras clases de esclavitud.
Pero Jesús vino "a proclamar liberación a los cautivos" (Is. 61:1, NVI).

El gran misterio aquí es este: Después de haber vencido a los grandes
enemigos de la raza humana (el pecado, Satanás, la maldición, la muerte,
y el sepulcro) el Hijo de Dios ascendió victorioso al cielo. Durante este
acontecimiento crucial, el Capitán de nuestra salvación "llevó cautiva
la cautividad" (Ef. 4:8). En otras palabras, cautivó, o colocó bajo su dominio cualquier cosa que pudiera cautivarnos a nosotros o a nuestros
hijos. Cuanto más volvamos al Señor, dedicándonos a las cosas de Dios,
más activará Él esta parte de nuestra herencia y nos librará de cualquier
influencia que pueda cautivarnos.

Declare en oración

Amado Señor que compraste nuestra libertad a través de tu muerte, sepultura y resurrección: Consagro mi vida y la de mi hijo(a) a ti. A veces tenemos momentos en los que nos apartamos de tu perfecta voluntad por culpa de nuestras actitudes y acciones, y terminamos en alguna clase de cautiverio. Me arrepiento por mí y por _____. Te pido que tengas compasión de nosotros, y nos liberes de toda clase de esclavitud. Tengo seguridad de que tú lo harás porque pagaste un precio muy alto para liberarnos. Ahora es nuestro privilegio y responsabilidad responder. A través de las armas que nos has provisto, llevamos "cautivo todo pensamiento a la obediencia a Cristo" (2 Co. 10:5). Me niego a aceptar cualquier bastión de pensamientos negativos o mundanales en mi mente o en la mente de _____. Invoco la sangre de Jesús, el nombre del Señor, y la Palabra de Dios como armas "poderosas en Dios" (2 Co. 10:4), para derribar cualquier vestigio de resistencia en nosotros. Tu Palabra declara que "el malo será castigado; mas la descendencia de los justos será librada" (Pr. 11:21). En el nombre de Jesús, ¡amén (que así sea)!

MISERICORDIA

"Sucederá que cuando hubieren venido sobre ti todas estas cosas, la bendición y la maldición que he puesto delante de ti, y te arrepintieres en medio de todas las naciones adonde te hubiere arrojado Jehová tu Dios, y te convirtieres a Jehová tu Dios, y obedecieres a su voz conforme a todo lo que yo te mando hoy, tú y tus hijos, con todo tu corazón y con toda tu alma, entonces Jehová hará volver a tus cautivos, y tendrá misericordia de ti, y volverá a recogerte de entre todos los pueblos adonde te hubiere esparcido Jehová tu Dios" (Dt. 30:1–3).

L A MISERICORDIA ES una muestra de amor solidario; es sentir el dolor de otra persona. Todos hemos flaqueado y fallado en la vida, y hemos sufrido las consecuencias. Sin embargo, según este versículo, si regresamos a Dios, Él tendrá misericordia de nosotros y de nuestros hijos.

El Dios de Abraham también prometió que si su pueblo regresa a Él, ellos y sus hijos "hallarán misericordia delante de los que los tienen cautivos" (2 Cr. 30:9). Un buen ejemplo de misericordia ocurrió cuando la hija del faraón encontró al bebé Moisés en una cesta flotando en el río Nilo. Ella sintió misericordia de él y lo adoptó como su hijo (Éx. 2:6). Si esta doble promesa ha sido dada a los creyentes que se apartaron y se arrepintieron, ¡cuánto más no se manifestará en aquellos que son fieles a Dios y le sirven de manera constante!

DECLARE EN ORACIÓN

Amado Dios, me arrepiento de todas mis faltas y defectos. Regreso a ti con todo mi corazón y me consagro nuevamente a tu propósito. Sé que cumplirás tu promesa y tendrás misericordia de mí y de mi hijo(a) _____. También sé que harás que otros tengan misericordia de nosotros, porque estamos sometidos a ti. En el nombre de Jesús, ¡amén (que así sea)!

ESTAR BIEN

*"Aprende pues, hoy, y reflexiona en tu corazón que Jehová es Dios
arriba en el cielo y abajo en la tierra, y no hay otro. Y guarda sus
estatutos y sus mandamientos, los cuales yo te mando hoy, para que te
vaya bien a ti y a tus hijos después de ti, y prolongues tus días sobre
la tierra que Jehová tu Dios te da para siempre"* (Dt. 4:39–40).

EN 2 REYES 4 leemos el relato de una importante mujer de Sunem
que veneró a Dios. Ella le ofreció al profeta Eliseo una habitación en
su casa, y Dios la recompensó con un milagro. A pesar de que no tenía
hijos, esta mujer concibió y tuvo un varón. Más adelante, el niño comenzó a quejarse estando en el campo, diciendo: "Mi cabeza, mi cabeza",
y poco después murió. La mujer sunamita corrió a buscar al profeta con
la esperanza de que Dios lo usaría para devolverle a su hijo. Giezi, el
siervo de Eliseo, se encontró primero con la mujer y le dijo: "¿Te va bien
a ti? ¿Le va bien [...] a tu hijo?". ¡Sorprendentemente, su respuesta fue
que estaban "bien" (2 R. 4:26)! Esta mujer se atrevió a declarar lo que
estaba segura que Dios haría, y así ocurrió. El niño fue vuelto a la vida.

Nosotros deberíamos expresar las mismas palabras de fe sobre nuestros hijos. Aunque parezca que están casi "muertos" espiritualmente, o
muy mal en determinados aspectos de su vida, hemos de atrevernos a
decir que están "bien". De esta manera pondremos nuestra fe en la capacidad que Dios tiene de transformar las circunstancias y los corazones.

DECLARE EN ORACIÓN

*Señor, declaro que tú eres el Dios del cielo y la tierra, y busco obedecer tus
mandatos. Por tal motivo, sé que como lo prometiste, nos irá bien tanto
a mí como a mi hijo(a) _____ en todos los aspectos de la vida.
Estoy tan convencido(a) de esto, que incluso en los momentos de dificultades en la vida de mi hijo(a) me atreveré a declarar por fe que él/ella
"está bien". En el nombre de Jesús, ¡amén (que así sea)!*

ASOMBROSA Y MARAVILLOSAMENTE HECHOS

"Porque tú formaste mis entrañas; me hiciste en el seno de mi madre. Te alabaré, porque asombrosa y maravillosamente he sido hecho; maravillosas son tus obras, y mi alma lo sabe muy bien" (Sal. 139:13–14, LBLA).

SIN DUDA ALGUNA el Salmo 139 es uno de los salmos más hermosos de David, una obra maestra inspirada por Dios. En él se celebra la participación de Dios en la formación tanto natural como espiritual del niño en el vientre materno. Este pasaje único es una revelación de la manera en que él cuida de todos sus escogidos, incluso desde antes de nacer. Como el pueblo de Dios generalmente dedica a sus hijos desde antes de nacer, las promesas en este Salmo se aplica a ellos de manera aun más poderosa.

En esta cita David afirma que el Altísimo formó sus "entrañas". Esta puede ser una referencia a los órganos internos del cuerpo, o al alma y el espíritu (la personalidad humana y la capacidad espiritual del individuo). Tal vez se refiere a ambas cosas. Entonces, una de las obras maravillosas de Dios es la implantación de una personalidad predeterminada que debe ser perfeccionada, y una espiritualidad potencial que debe ser despertada en el niño que está por nacer. Como padres hemos sido llamados a ayudar en este proceso.

En un versículo posterior, David hace otra declaración profunda: "Tus ojos vieron mi embrión, y en tu libro se escribieron todos los días que me fueron dados, cuando no existía ni uno solo de ellos" (v. 16, LBLA). Hay aparentemente entonces un plan providencial para las vidas de nuestros hijos que se va desenvolviendo como una enorme alfombra roja, y que viene desde la eternidad del pasado y se dirige hasta la eternidad del futuro. Según 2 Timoteo 1:9, Dios le dio a su pueblo "el propósito [...] y la gracia [...] en Cristo" desde antes de que el mundo existiera. Debemos declarar esta promesa sobre nuestros hijos pues ellos forman parte de un plan divino, de manera que Dios les dé la capacidad necesaria para cumplir con su parte. Contemplar estas verdades nos lleva a concluir, al igual que David, que "tal conocimiento es demasiado maravilloso" (Sal. 139:6).

Declare en oración

Señor, sé que mi hijo(a) ha sido "asombrosa y maravillosamente" hecho(a). Declaro que esa mano que cubrió a _____ en el vientre, le cubrirá durante todos los días de su vida. Creó que tú fuiste el que formaste sus "entrañas" (su personalidad potencial y su capacidad interna, espiritual). Me apoyo en esta verdad, y te pido que continúes dirigiendo el desarrollo espiritual y la salvación de mi hijo(a), así como dirigiste su desarrollo físico en el vientre. Finalmente, declaro que el futuro de _____ no está sujeto al azar, sino que tienes un plan para él/ella. Te alabo por hacer que este plan se desenvuelva según crees conveniente y el propósito que has determinado. Saber esto es maravilloso, y me motiva a alabarte, oh Señor del pasado del presente y del futuro. Declaro la victoria por adelantado. En el nombre de Jesús, ¡amén (que así sea)!

LONGEVIDAD

"Y guarda sus estatutos y sus mandamientos, los cuales yo te mando hoy,
para que te vaya bien a ti y a tus hijos después de ti, y prolongues tus
días sobre la tierra que Jehová tu Dios te da para siempre" (Dt. 4:40).

CUENTA LA LEYENDA que Ponce de León descubrió Florida en 1513 mientras buscaba la fuente de la eterna juventud. Ocho años después, en vez de haber encontrado el secreto de la longevidad, moría en manos de los indios calusa. Irónicamente, la búsqueda de una larga vida lo llevó a una muerte temprana.

Ahora que la generación de los *baby boomers* ha llegado a la tercera edad, la búsqueda de la juventud eterna continúa. Ha florecido una nueva industria que ofrece productos diseñados para reducir la velocidad del proceso de envejecimiento. Al implementar algunos cambios en la alimentación y el estilo de vida, podemos lograr reducir temporalmente los embates del tiempo, pero finalmente todos los seres humanos caeremos víctimas de este acechador implacable.

El texto de hoy nos da uno de los secretos de la longevidad: guardar los mandamientos de Dios y vivir sus estatutos. La Biblia nos da al menos cinco maneras más de asegurarnos una larga vida. Tenemos:

+ Honrar a padre y madre: "Para que tus días se alarguen" (Éx. 20:12).

+ Buscar sabiduría: "Largura de días está en su mano derecha" (Pr. 3:16).

+ Poner nuestro amor en Dios e invocar su nombre: "Lo saciaré de larga vida" (Sal. 91:16).

+ Tener temor de Dios: "El temor de Jehová aumentará los días; mas los años de los impíos serán acortados" (Pr. 10:27).

+ Practicar y exponer la Palabra de Dios en el hogar: "Ustedes y sus descendientes prolongarán su vida sobre la tierra" (Dt. 11:21, NVI).

Por supuesto, la mejor promesa es la promesa de inmortalidad, la cual recibimos cuando colocamos nuestra fe en el Señor Jesucristo, porque "el que cree en el Hijo tiene *vida eterna*" (Jn. 3:36, itálicas añadidas).

DECLARE EN ORACIÓN

Amado Dios, me comprometo a obedecer tus mandamientos, a buscar sabiduría, a poner mi amor en ti, y a llenar mi hogar con tu Palabra, para que mis días y los días de mi hijo(a) se prolonguen sobre la tierra. Pero por sobre todas las cosas, declaro que pongo mi fe en ti, Jesús, para poder heredar el don de la vida eterna. Que este don de dones también sea derramado sobre mi hijo(a) _____ de manera que juntos podamos vivir para siempre en tu presencia. En el nombre de Jesús, ¡amén (que así sea)!

ÉXITO

"Y guarda sus estatutos y sus mandamientos, los cuales yo te mando hoy,
para que te vaya bien a ti y a tus hijos después de ti, y prolongues tus
días sobre la tierra que Jehová tu Dios te da para siempre" (Dt. 4:40).

EN AÑOS RECIENTES ha habido una explosión de seminarios que
enseñan cómo alcanzar el éxito. Quienes dirigen estas reuniones
mencionan muchas "claves para el éxito": una buena imagen personal, una
mente positiva, una buena educación, una buena autoestima, elocuencia
al hablar, mostrar interés genuino por los demás, etcétera. Sin duda estas
cosas tienen su valor, pero casi siempre dejan por fuera el secreto más
importante.

Dios aconsejó a Josué: "Recita siempre el libro de la ley y medita en él
de día y de noche; cumple con cuidado todo lo que en él está escrito. *Así
prosperarás y tendrás éxito*" (Jos. 1:8, NVI, itálicas añadidas).

Declarar las Escrituras todos los días, meditar en su significado,
guardar lo que está dice, y demandar sus promesas es la mejor garantía
de éxito tanto para nosotros como para nuestros hijos. El Salmo 112:1–2
dice: "Qué felices son los que temen al Señor y se deleitan en obedecer
sus mandatos. Sus hijos tendrán éxito en todas partes" (NTV).

DECLARE EN ORACIÓN

*Señor eterno, declaro que guardo tu Palabra, y que esta siempre estará
en mi boca. Meditaré en ella de día y de noche, y trataré siempre de vivir
bajo sus preceptos. Esto traerá mucho éxito a mi vida, así como a la vida
de mi hijo(a). Transfiero ahora este legado de una vida basada en la Palabra a _____. Esto hará que mi hijo(a) sea exitoso(a) donde-
quiera que vaya. En el nombre de Jesús, ¡amén (que así sea)!*

LIBERACIÓN

*"Tarde o temprano, el malo será castigado; mas la
descendencia de los justos será librada" (Pr. 11:21).*

ERA LA PRIMERA Pascua en la tierra de Gosén. Al caer la noche, miles de hombres israelitas humedecieron manojos de hisopo en sangre de cordero para untarla en el dintel y los dos postes de las puertas de sus casas. El ángel heridor visitaría Egipto esa noche, y todo primogénito moriría. Pero Dios le prometió a su pueblo: "Cuando yo vea la sangre, pasaré de largo" (Éx. 12:13, NTV). Al día siguiente se podían escuchar gemidos por todas partes. Los hijos de los egipcios perecieron, y se oyó un lamento desgarrador. Pero los hijos de los israelitas fueron liberados.

Los hombres de Israel jamás imaginaron que su acto de aplicar sangre de cordero era de naturaleza profética. Lo que hicieron en sus puertas fue de por sí la señal de la cruz, profetizando que otro Cordero vendría a liberar a su pueblo de la muerte, no solo física, sino también de la muerte eterna espiritual. Así como ocurrió en Éxodo, nosotros también debemos marcar nuestros hogares, invocando la sangre de Jesús como un manto protector sobre nuestra semilla. Ahora que tantos jóvenes sucumben ante las influencia mortífera de una sociedad que cada día se corrompe más, es nuestra responsabilidad como padres hacer una declaración sagrada y profética en nuestros hogares que el cielo respetará y cumplirá.

DECLARE EN ORACIÓN

Amado Dios, alrededor de mi hijo(a) hay muchas influencias mortales. El sistema de este mundo, dominado por el maligno, destruirá las almas de aquellos hijos que no estén protegidos. Pero invoco la sangre de Jesús sobre mi hogar y mis hijos. Sé que _____ será protegido(a) de la maldad, porque "el ojo de Jehová está […] sobre los que esperan en su misericordia, para librar sus almas de la muerte" (Sal. 33:18–19). En el nombre de Jesús, ¡amén!

CORRECCIÓN DE LA NECEDAD

"La necedad está ligada en el corazón del muchacho; mas la vara de la corrección la alejará de él" (Pr. 22:15).

LA MAYORÍA DE las promesas bíblicas son condicionales. Este versículo de Proverbios es un ejemplo claro. Para que la necedad sea eliminada de los corazones de nuestros hijos, debemos estar dispuestos a utilizar "la vara de la corrección". Pero, ¿cuál es esa vara? ¿Se trata de castigos físicos por su mal comportamiento? Sin duda hay algo de eso. "Evita la vara y malcriarás a tu hijo" (ver Pr. 23:14).

Muchas veces, sin embargo, la vara puede representar palabras, especialmente aquellas que son dichas con autoridad. Un buen ejemplo lo tenemos en Isaías 11:4, donde se profetiza que el Mesías "herirá la tierra con la vara de su boca" (ver también Pr. 14:3). Jesús ciertamente no era un predicador fácil. Él exponía la hipocresía, el pecado, y la rebelión cada vez que predicaba.

Los que aman a Dios reciben con beneplácito sus palabras de corrección, pues estas nos protegen de la influencia contaminante de un mundo necio. Al final también nuestros hijos nos amarán si los disciplinamos de esta manera, corrigiendo su mal comportamiento guiándolos por el camino de la sabiduría. En su famoso Salmo 23, David le dice al Dios que lo pastorea: "Tu vara y tu cayado me infundirán aliento". De igual manera, "la vara de la corrección" usada por los padres que aman infunde "aliento" a sus hijos, pues sus palabras les señalan el camino hacia una vida de complacencia a Dios.

DECLARE EN ORACIÓN

Amado Dios, qué necio es este mundo, con sus intenciones oscuras y su negación a rendirse a la verdad. Tu Palabra dice que hasta "el tramar necedad es pecado" (Pr. 24:9, LBLA). Me arrepiento de todo ello. Te pido que me limpies a mí y a mi hijo(a) de toda influencia mundanal.

Reconozco que "la necedad está ligada en el corazón" de mi hijo(a) por su naturaleza pecaminosa heredada, pero tu Palabra puede alejarla de él/ella. Te pido que _____ no sucumba a la necedad de la naturaleza carnal, sino que acoja la sabiduría de Dios y reciba una nueva naturaleza. Me comprometo a disciplinar tiernamente a mi hijo(a) cuando sea necesario para que la "vara de mi boca" lo/la guíe en el camino de la verdad y le brinde consuelo ahora y para siempre. En el nombre de Jesús, ¡amén (que así sea)!

ARRAIGADOS A LA VERDAD

"Instruye al niño en su camino, y aun cuando fuere
viejo no se apartará de él" (Pr. 22:6).

HACE UNOS AÑOS visité a un amigo que tenía como pasatiempo el estudio de la horticultura (la cual él insiste es mucho más que simple jardinería). En la entrada de su casa había un pequeño árbol que no pude reconocer.

—¿Qué árbol es este?—le pregunté.

—Es un cerezo llorón—me respondió. Sorprendido, le dije:

—Yo he escuchado de sauces llorones, pero no de cerezos llorones. ¿No crecen hacia arriba las ramas de los cerezos? Estas están colgando.

Mi amigo procedió a explicarme cómo había hecho para que las ramas del árbol colgaran. Cuando el árbol era apenas un retoño partió el tronco en dos, puso uno de los pedazos al revés, y volvió a pegar las dos piezas. Explicó que esto "confundió" al árbol, de manera que en vez de pensar que estaba creciendo, lo que estaba realmente era "decreciendo".

Lo mismo ocurre con nuestros hijos. A veces por culpa de la mala influencia de los amigos, figuras de autoridad, e incluso de padres con tendencias carnales, las mentes de nuestros hijos se tuercen desde muy temprana edad. En consecuencia, terminan asociando la adultez con indulgencias sexuales y excesos pecaminosos, y a medida que crecen tienden a imitar esos comportamientos. La triste realidad es que cuando creen que finalmente han crecido, lo que realmente han hecho es "decrecido".

Ahora, si con lo negativo ocurre así, con lo positivo pasa lo mismo. Los buenos ejemplos quedan grabados para toda la vida. Los padres que viven vidas positivas bajo principios morales, enseñan a sus hijos mediante el ejemplo. Los salvaguardan inculcándoles de manera duradera las verdades que hacen que crezcan de manera sana y natural. Sí, necesitamos educar las mentes de nuestros hijos con las verdades bíblicas y las leyes morales; pero más que eso, necesitamos vivir esas verdades y esas leyes cada día ante sus ojos sensibles.

Declare en oración

Amado Dios, cuando viniste a esta tierra nos educaste mediante muchas verdades que desafiaron la manera en que el mundo solía hacer las cosas. Pero más que eso, viviste tus enseñanzas delante de nosotros. Ayúdame a educar a mi hijo(a) correctamente, no solo con palabras, sino también mediante el ejemplo. Permite que ambas cosas dejen una marca en el corazón y la mente de _____, de manera de que cuando crezca no se aparte del buen camino. Me aferro a esta promesa con total certeza de su cumplimiento. En el nombre de Jesús, ¡amén (que así sea)!

PROTECCIÓN CONTRA LAS DIFICULTADES

"No trabajarán en vano, ni darán a luz para maldición; porque son linaje de los benditos de Jehová, y sus descendientes con ellos" (Is. 65:23).

ESTE VERSÍCULO PRONOSTICA la gloria de la nueva creación. Dios también promete que Él traerá "a Jerusalén alegría, y a su pueblo gozo [...] y nunca más se oirá en ella voz de lloro" (vv. 18-19). La vida será perenne. Los escogidos de Dios "disfrutarán la obra de sus manos" (v. 22). Toda la naturaleza se reconciliará, y "el lobo y el cordero serán apacentados juntos" (v. 25). La tierra será llamada "Beula" que significa "casada", porque todas las cosas estarán casadas con Dios en un derroche de esplendor celestial. El Espíritu Santo también pronostica que los habitantes de la tierra nueva: "No trabajarán en vano, ni darán a luz para maldición; porque son linaje de los benditos de Jehová, y sus descendientes con ellos" (v. 23). Aunque esta promesa es básicamente para el futuro, los "benditos de Jehová" pueden declarar ahora: "Yo no traje a mi hijo(a) a este mundo para que tuviera problemas; o para que fuera vencido por las pruebas, las tentaciones y las dificultades. Declaro por fe que él/ella tendrá una vida pacífica, fructífera, y exitosa".

DECLARE EN ORACIÓN

Señor, yo no traje a _____ a este mundo para que fuera destruido(a) por las cosas malas que aquí abundan. Como familia podemos enfrentar pruebas y tentaciones, pero sabemos que tú eres nuestra "fortaleza en el tiempo de la angustia" (Sal. 37:39), un "refugio para el tiempo de angustia" (Sal. 9:9), y que nos "guardarás de la angustia" (Sal. 32:7). Declaro por fe que cualquier problema que se atraviese en la vida sirva solo para lograr que alcancemos los propósitos que Dios tiene para nosotros. En el nombre de Jesús, ¡amén (que así sea)!

CUIDADO PROVIDENCIAL

"No trabajarán en vano, ni darán a luz para maldición; porque son linaje de los benditos de Jehová, y sus descendientes con ellos. Y antes que clamen, responderé yo; mientras aún hablan, yo habré oído" (Is. 65:23–24).

ESTE PASAJE PROFETIZA sobre el glorioso Reino de Jesucristo en el nuevo mundo por venir. En ese tiempo Dios estará tan íntimamente ligado a su pueblo, que anticipará automáticamente cualquier cosa que ellos pudieran requerir de Él. En otra traducción del versículo 24, Dios incluso dice: "¡me adelantaré y responderé a sus oraciones!" (NTV). Así es como actúa un padre amoroso.

Los buenos padres hacen cosas similares casi a diario. Una madre preocupada sabe que cuando su hija llegue de la escuela va a querer disfrutar de su merienda favorita, así que se la prepara anticipadamente. Apenas su niña dice "Mami", ella le responde: "ya está sobre la mesa", logrando una sonrisa en el rostro de su hija. Si los padres terrenales pueden ser así con sus hijos, ¡cuánto más no lo será el Dios omnisciente, omnipotente, y omnipresente! Él sabe lo que necesitaremos antes de que lo necesitemos. Esta visión compasiva no es solo para el Reino venidero; es una promesa a la que tanto nosotros como nuestros hijos podemos aferrarnos ahora.

DECLARE EN ORACIÓN

Padre eterno, sé que mi hijo(a) y yo tenemos tu bendición, y que tú nos cuidas constantemente, anticipando incluso nuestras necesidades futuras. Tú has prometido que antes de que clamemos a ti, enviarás tu respuesta. Declaro ese tipo de cuidado divino para mi hijo(a). Que _____ jamás enfrente las situaciones de la vida sin tu gracia y provisión dispuestas de antemano y manifestadas justo cuando las necesite. En el nombre de Jesús, ¡amén (que así sea)!

RECIPIENTES DE PERFECTA ALABANZA

"Pero los principales sacerdotes y los escribas, viendo las maravillas
que hacía, y a los muchachos aclamando en el templo y diciendo:
¡Hosanna al Hijo de David! se indignaron, y le dijeron: ¿Oyes lo que
estos dicen? Y Jesús les dijo: Sí; ¿nunca leísteis: De la boca de los niños
y de los que maman perfeccionaste la alabanza?" (Mt. 21:15–16).

DESPUÉS DE JESÚS haber expulsado a los mercaderes del templo, se le acercaron ciegos e inválidos y fueron sanados. Los jóvenes y niños que estaban presentes comenzaron a alabar al Señor a viva voz, diciendo: "¡Hosanna al Hijo de David!". Esto enfureció a los líderes religiosos, inmersos siempre en su santurronería. Jesús les respondió citando este versículo del Salmo 8.

No deja de impresionar que los teólogos más estudiados de los tiempos de Jesús hayan estado tan cegados al poder de Dios que se estaba manifestando delante de sus ojos. Los niños, sin embargo, no estaban enceguecidos por las tradiciones y doctrinas religiosas. Ellos no necesitaban proteger ninguna posición de poder. Simplemente estaban estáticos ante lo que Dios estaba haciendo, y respondieron con gozo.

Muchas veces ocurre que la adoración que llevamos a cabo en nuestras iglesias parece más un ritual automático marcado por el orgullo religioso, carente de pasión. La adoración verdadera no es ensayada, pulida, profesionalizada, o actuada. Es sencilla, sincera, humilde, espontánea, y apasionada por el Altísimo. Jesús dijo que Dios perfecciona este tipo de adoración en los niños.

DECLARE EN ORACIÓN

Amado Dios, tú mereces que te adoremos con todo nuestro corazón, alma,
y fuerzas. Te pido que hagas de _____ un verdadero recipiente
de adoración. Que él/ella pueda reaccionar siempre ante tus bendiciones

con un espíritu de gratitud y alabanza sincero que fluya hasta tu trono. Señor, declaro que mi hijo(a) te adorará sinceramente durante todos los días de su vida. En el nombre de Jesús, ¡amén (que así sea)!

FUERZAS PARA CONTINUAR

"Los hijos de tus siervos habitarán seguros, y su descendencia
será establecida delante de ti" (Sal. 102:28).

EN CIERTO SENTIDO este versículo habla de la continuación del linaje familiar de una generación a otra. En otro sentido habla de una actitud del corazón. A muchos les falta diligencia. No están dispuestos a dedicarse a una tarea hasta terminarla. No se sienten capaces de perseverar cuando las cosas se ponen difíciles. En este versículo, sin embargo, Dios promete a sus siervos que sus descendientes no serán así. ¿Por qué?

Las actitudes muchas veces se heredan. Cuando los hijos crecen viendo la perseverancia de sus padres, tienden a adoptarla. La mayoría de los hijos de Dios tienen que atravesar por un buen número de pruebas, pero cuando sus vidas están consagradas a Él, hacen precisamente eso: las atraviesan. Siguen adelante. La Biblia urge al pueblo de Dios a perseverar en la gracia, permanecer en la fe, permanecer en la bondad, y permanecer en la oración (Hch. 13:43; 14:22; Ro. 11:22; Co. 4:2). Jesús resumió esta necesidad de seguir adelante con este reto: "Si vosotros permaneciereis en mi palabra, seréis verdaderamente mis discípulos" (Jn. 8:31). Que estos versículos sean una descripción fiel de usted y su hijo(a).

DECLARE EN ORACIÓN

Amado Dios, tú eres el mismo ayer, hoy, y para siempre. Te pido que infundas con tanta magnitud a mi familia con tu naturaleza, que jamás podamos cambiar nuestro compromiso con la verdad. Dame primeramente la capacidad como padre/madre para continuar en tu Palabra, guardando sus mandatos y clamando sus promesas. Luego permite que este legado sea traspasado a mi hijo(a). Te pido que _____ sea constante en su relación contigo, y que se mantenga en la gracia de Dios, en la fe, en tu bondad, y en constante oración. En el nombre de Jesús, ¡amén (que así sea)!

ESTABILIDAD

"Los hijos de tus siervos habitarán seguros, y su descendencia
será establecida delante de ti" (Sal. 102:28).

SER "ESTABLECIDO" SIGNIFICA recibir firmeza o estabilidad. Este
mundo es todo lo contrario a eso, porque es impredecible. Un día
las cosas puede ir maravillosamente bien, y al día siguiente llegar el de-
sastre. Grandes acontecimientos del pasado así lo prueban: Pearl Harbor,
el once de septiembre, el huracán Katrina, por nombrar solo a tres. Pero
independientemente de lo que ocurra, quienes están con Dios permanecerán estables, sin miedo, y firmes en cuanto a su propósito.

Varias promesas de la Biblia lo confirman. Una dice: "Pero fiel es el
Señor, que os afirmará y guardará del mal" (2 Tes. 3:3). Este pasaje revela
el misterio detrás de nuestra seguridad. Podemos esperar estabilidad en
nuestras vidas y en las vidas de nuestros hijos por el simple hecho de que
Dios es estable. Él no cambia. Es fiel a los principios que gobiernan sus
Reino, a quienes lo aman, y a su descendencia. Nuestra semilla ha sido
establecida delante de Dios. Él mantiene a sus hijos bajo su supervisión
constante, y está listo para intervenir a su favor.

DECLARE EN ORACIÓN

Señor, te agradezco por mostrarme la fuente de la estabilidad. Declaro sobre
mi casa que "Dios es nuestro amparo y fortaleza, nuestro pronto auxilio en
las tribulaciones. Por tanto, no temeremos, aunque la tierra sea removida,
y se traspasen los montes al corazón del mar" (Sal. 46:1–2). Así es. In-
cluso en los tiempos de turbulencia y cataclismos podemos confiar en ti sin
que nada nos afecte. Reclamo esta clase de estabilidad tanto para mí como
para mi hijo(a). Sé que tú "nos darás paz", confirmarás "la obra de nues-
tras manos" y establecerás nuestros "corazones, irreprensibles en santidad
delante de Dios nuestro Padre, en la venida de nuestro Señor Jesucristo" (Is.
26:12; Sal. 90:17; 1 Tes. 3:13). En el nombre de Jesús, ¡amén (que así sea)!

42

FUERZA ESPIRITUAL

*"Bienaventurado el hombre que teme a Jehová, y en sus mandamientos
se deleita en gran manera. Su descendencia será poderosa en la
tierra; la generación de los rectos será bendita" (Sal. 112:1–2).*

SI EXISTE UNA pasaje que promete poder, es este. Cuando los padres
son débiles, tienden a criar hijos débiles; pero cuando los padres
tienen temor del Señor, ¡la historia cambia! Al dar paso al Espíritu de
Dios (llamado "Espíritu de poder" en Isaías 11:2), estos padres vencen
el pecado, el egoísmo, y el espíritu del mundo. ¡Qué legado a transmitir!
Los hijos de padres así dicen: "Si papá y mamá han logrado la victoria
de esa manera, ¡yo también puedo!". De esta forma, son capaces de lograr grandes cosas en la vida, y transformar el mundo de una manera
maravillosa.

Orville y Wilbur Wright tuvieron padres cristianos consagrados, y
miren cómo transformaron el mundo a través del desarrollo del vuelo. ¿Y
qué podemos decir de Billy Graham, quien sin duda es uno de los líderes
cristianos más influyentes de esta generación? Sus padres eran cristianos
afianzados. Después de haber recibido el testigo de la fe de parte de ellos,
también lo traspasó a su semilla, y aún continúan transformando este
mundo con el evangelio. ¡Lo mismo puede ocurrir en su familia!

DECLARE EN ORACIÓN

*Señor, vivo delante de tu presencia con un temor sagrado, reverenciando
tu santidad y maravillado(a) por tu majestad y poder. Mi pasión es
guardar tus mandamientos. Me deleito en obedecer tu palabra. Entonces,
de acuerdo a tu promesa, puedo esperar que mi hijo(a) lleve a cabo
cosas maravillosas para el Reino de Dios y transforme el mundo de
manera poderosa. Padre, te pido que despiertes el "Espíritu de poder"
en _____ y que le fortalezcas "con poder en el hombre interior"
por tu Espíritu (Ef. 3:16). En el nombre de Jesús, ¡amén (que así sea)!*

ABUNDANCIA

*"Bienaventurado el hombre que teme a Jehová, y en sus mandamientos
se deleita en gran manera. Su descendencia será poderosa en la
tierra; la generación de los rectos será bendita. Bienes y riquezas hay
en su casa, y su justicia permanece para siempre" (Sal. 112:1–3).*

L A TRADUCCIÓN EN Lenguaje Actual de la Biblia, presenta este
pasaje con estas palabras: "¡Dios bendice a quienes lo adoran y gozan
cumpliendo sus mandamientos! Los hijos de la gente honrada dominarán
el país y serán siempre bendecidos. Tendrán en su casa muchas riquezas,
y siempre triunfarán en todo".

Cuando son buscada por pura avaricia, las riquezas pueden corromper,
pero cuando son buscadas para el avance del Reino, pueden ser muy
beneficiosas. Cuando Dios ve que nuestras prioridades son correctas, Él
desea derramar riquezas, abundancia, prosperidad, y éxito, tanto para
nosotros como para nuestros hijos.

Deuteronomio 8:18 revela la razón principal por la que Dios le da a la
semilla de los justos "poder para hacer las riquezas", la cual es confirmar
el pacto que hizo con sus padres. Por lo tanto, si servimos a Dios debería
haber abundancia de riquezas para nuestros hijos. Como dijo el predicador puritano Cotton Mather: "La religión engendra la prosperidad".[1]

El Altísimo sabe que el avance de su obra requiere de fondos para
construir iglesias, enviar misioneros, producir programas de radio y tele-
visión, publicar libros y folletos, y ayudar a los pobres y necesitados. Para
llevar a cabo estos nobles objetivos, el Dios de todas las cosas permite
que ciertos individuos en el Cuerpo de Cristo prosperen materialmente
y traspasen su bendición a su descendencia. Así como lo fue Abraham en
la antigüedad, son bendecidos para que sean una bendición (Gn. 12:2).

Declare en oración

Señor Dios del cielo y de la tierra, declaro que la tierra es tuya, así como todo lo que hay en ella. Toda la plata y todo el oro son tuyos. Todo lo que se mueve en los campos te pertenece. Por eso invoco hoy esta promesa de abundancia para mi hijo(a), pero no solo para su beneficio personal. Invoco esta promesa para que sea usada por ti, Señor, para financiar tu obra y la gran cosecha de almas de estos últimos días. También te pido, Señor, que las riquezas jamás corrompan a mi hijo(a), sino que más bien sirvan para que busque el bienestar de tu pueblo, así como lo hizo Mardoqueo en el pasado (Est. 10:3). Que cuando esta promesa se manifieste, _____ pueda siempre ayudar a los pobres y a los necesitados, pues eso es lo que tú deseas. En el nombre de Jesús, ¡amén (que así sea)!

RIQUEZAS

"Bienaventurado el hombre que teme a Jehová, y en sus mandamientos se deleita en gran manera. Su descendencia será poderosa en la tierra; la generación de los rectos será bendita. Bienes y riquezas hay en su casa, y su justicia permanece para siempre" (Sal. 112:1–3).

LA PALABRA CASA en este pasaje se refiere al hogar o la familia. La evidencia indica que conferir riquezas materiales forma parte de las bendiciones divinas que Dios otorga a un individuo o un grupo de personas. Abraham por ejemplo "era *riquísimo* en ganado, en plata y en oro" (Gn. 13:2, itálicas añadidas). Aparte de su importante legado espiritual, las riquezas materiales fueron parte de la herencia que pasó a su descendencia. También es cierto que muchos siglos después Jesús se hizo "maldición" (al morir en la cruz) para que "la bendición de Abraham" pudiese alcanzar a todos los nuevos hijos del pacto (Gl. 3:13–14).

Por supuesto, las mayores riquezas son de naturaleza espiritual. Jesús las llamó "las verdaderas riquezas" (Lc. 16:11, DHH). Dios ha prometido que su pueblo heredará las riquezas de su bondad, su gloria, su gracia, y su misericordia (Ro. 2:4; 9:23; Ef. 1:7; 2:4). Además, en Santiago 2:5 se hace la pregunta: "¿No ha elegido Dios a los pobres de este mundo, para que sean ricos en fe y herederos del reino que ha prometido a los que le aman?". Estas son las principales riquezas que debemos desear, pero ambos tipos de riquezas, las materiales como las espirituales, forman parte del legado que podemos trasferir a nuestros hijos.

DECLARE EN ORACIÓN

Amado Dios del universo, todas las cosas te pertenecen. En tu abundante generosidad has prometido satisfacer todas nuestras necesidades de acuerdo a tus riquezas en gloria. Te pido primeramente por _____, para que la Palabra de Dios more en su corazón y pueda llenarse de las riquezas de tu misericordia, tu bondad, y tu gracia.

Sé que _____ *no solo tendrá riqueza de fe, sino también de buenas obras, como aconsejan las Escrituras (1 Tim. 6:18). También declaro riquezas materiales para mi hijo(a), pero no en detrimento de su relación contigo. Permite que sus riquezas aumenten, pero que su amor por Dios aumente mucho más, de manera que por sobre todas las cosas sea "rico(a) para con Dios" (Lc. 12:21). Como tengo seguridad de que ya te has propuesto concederme esto, declaro por fe sobre* _____ *las palabras de 1 Corintios 4:8: "Ya son ricos"* (DHH). *En el nombre de Jesús, ¡amén (que así sea)!*

REDENCIÓN

"El Señor no puso su amor en vosotros ni os escogió por ser vosotros más numerosos que otro pueblo, pues erais el más pequeño de todos los pueblos; mas porque el Señor os amó y guardó el juramento que hizo a vuestros padres, el Señor os sacó con mano fuerte y os redimió de casa de servidumbre, de la mano de Faraón, rey de Egipto" (Dt. 7:7–8, LBLA).

SER REDIMIDO SIGNIFICA ser liberado de la esclavitud mediante un precio de compra. En este pasaje Dios promete redención al pueblo de Israel basado en el juramento que les hizo a sus antepasados. Si tenemos una relación de pacto con ese mismo Dios, podemos esperar entonces el mismo trato para nuestra descendencia. Independientemente de la "esclavitud" que pueda estar presente en la vida de nuestros hijos, podemos declarar con fe que Dios los redimirá y los liberará "con mano fuerte". "Que lo digan los redimidos del Señor" (Sal. 107:2).

DECLARE EN ORACIÓN

Amado Dios, ¡por la preciosa sangre de Jesús declaro la libertad de mi hijo(a) de toda esclavitud! Ninguna opresión pasada, presente, o futura prevalecerá contra _____. Ni el mundo, ni el pecado, ni engaño alguno, ni las tentaciones satánicas, ni la carne, ni siquiera el miedo a la muerte podrán esclavizar a mi hijo(a), a quien he dedicado a ti. Te pido que seas siempre un liberador, un guardián, y un guía para _____, librándole de las debilidades, de la oscuridad, y de las situaciones difíciles de la vida. Te pido que por medio de tu mano poderosa le guíes a la tierra prometida de su destino. ¡Tú eres el Dios todopoderoso! ¡No hay nada demasiado difícil para ti! Por tal motivo, declaro redención sobre mi descendencia, con la total confianza de que así lo harás. En el nombre de Jesús, ¡amén (que así sea)!

CONOCIMIENTO PROFÉTICO

"Y en los postreros días, dice Dios, derramaré de mi Espíritu sobre toda carne, y vuestros hijos y vuestras hijas profetizarán; vuestros jóvenes verán visiones, y vuestros ancianos soñarán sueños" (Hch. 2:17).

ESTA PROFECÍA DADA originalmente en Joel 2:28, comenzó a cumplirse con el nacimiento de la Iglesia el día de Pentecostés (Hch. 2:1–18). Y aún no ha terminado de cumplirse, porque Dios sigue derramando su Espíritu y convirtiendo hijos e hijas en profetas y profetisas. Esto podría sonarle un poquito presuntuoso a algunos creyentes, pero es completamente bíblico.

El don profético puede manifestarse en varios niveles. En el nivel más fundamental, podemos decir que alguien profetiza cuando comparte la Palabra de Dios bajo el poder, la dirección y la inspiración del Espíritu Santo (es el Espíritu Santo quien le muestra proféticamente a la persona con quién debe hablar, lo que debe decir, y cuándo decirlo). Esta información puede llegar mientras se está predicando en el púlpito, hablando con un vecino en el jardín de su casa, e incluso durante momentos de gran oposición (Mt. 10:18–20).

A veces Dios le habla a su pueblo a través de palabras proféticas, sueños, o visiones; revelando discernimiento y comprensión sobre ciertos pueblos o acontecimientos, o sobre su propio destino espiritual (Nm. 12:6; Jn. 10:27). El conocimiento profético está asociado especialmente con aquellos que han recibido vislumbres de los planes y propósitos futuros de Dios en la tierra.

Todo el que lea la Biblia tiene acceso a la revelación divina, pero solo los que han nacido de nuevo y se han consagrado a Dios pueden mediante la dirección del Espíritu Santo interpretar y propagar el mensaje que Dios desea transmitir. Todo el que haya aceptado genuinamente a Cristo como su Salvador puede ser usado como un instrumento profético. El apóstol Pablo afirmó: "Podéis profetizar todos" (1 Co. 14:31), y eso lo incluye a usted y a su descendencia, que están en los caminos del Señor.

Declare en oración

Señor todopoderoso, te pido que de acuerdo a la promesa de Hechos 2:17, derrames sobre _____ tu Espíritu Santo y despiertes el llamado profético en su vida. Gracias por manifestar el conocimiento profético en _____ de diversas maneras. Primero, que entienda tu palabra por inspiración divina. Segundo, que pueda profetizar la verdad a otros mediante el poder y la inspiración del Espíritu Santo. Y tercero, que tenga un excelente conocimiento de los acontecimientos proféticos que se desencadenarán en los últimos días a medida que se acerca tu regreso. Te pido que le concedas a _____ palabras proféticas, sueños, y visiones. Dale a mi hijo(a) la capacidad de proclamar animosamente lo que ha recibido de ti. Declaro que estas cosas ocurrirán para tu gloria y el avance de tu Reino. En el nombre de Jesús, ¡amén (que así sea)!

VISIONES

"Y en los postreros días, dice Dios, derramaré de mi Espíritu sobre toda carne, y vuestros hijos y vuestras hijas profetizarán; vuestros jóvenes verán visiones, y vuestros ancianos soñarán sueños" (Hch. 2:17).

Q UIENES RECIBEN PLANES y estrategias de Dios son visionarios. Por fe y mediante el poder de Dios implementan esas instrucciones divinas para impulsar los propósitos de Dios y su Reino en este mundo. Cada generación necesita "visionarios" o personas de visión que bajo inspiración divina sepan exactamente qué hacer para motivar a los individuos, las comunidades, e incluso a las naciones en función del evangelio. No hay razón alguna para pensar que los adultos son los únicos a quienes Dios puede usar con tal fin. En Hechos 2:17 se promete que nuestros hijos e hijas recibirán visiones de Dios. Cuando era apenas un niño Samuel recibió una visión de Dios que alteró su vida de manera crucial, e hizo que emergiera como profeta. (1 S. 3).

Dios aún obra en los niños de manera sobrenatural. Estos pueden recibir incluso visiones literales de parte de Dios. Cuando nuestro hijo tenía apenas cuatro años, nos sorprendió a todos una mañana al decir: "Anoche morí mientras dormía, ¡y Jesús me llevó al cielo!". Luego comenzó a explicar ciertos detalles sobre lo que vio y escuchó. Las descripciones eran tan vívidas y el lenguaje tan maduro, que nos dimos cuenta de que no se trataba meramente de un asunto de su imaginación. Aunque nuestro hijo obviamente no había muerto, estamos seguros de que recibió una visión nocturna del Señor; una vislumbre del mundo celestial. ¡Le pido a Dios que Él también le conceda a su hijo(a) visitas sobrenaturales!

DECLARE EN ORACIÓN

Bendito Dios todopoderoso, declaro esta promesa de recibir visiones sobre mi hijo(a). Gracias por derramar tu Espíritu Santo sobre _____, y revelarle de manera sobrenatural tus planes para su vida. Te pido que hagas que el corazón de mi hijo(a) arda de pasión por la causa celestial que pusiste en su corazón. Padre santo, sé que abrirás su visión espiritual al punto de que recibirá visiones literales del cielo de la misma manera en que le diste a Samuel una revelación sobrenatural cuando era niño. Te pido que _____ jamás acepte una vida mundana y común, sino que se esfuerce con fervor visionario en alcanzar aquellos objetivos poco comunes e inspirados que forman parte de tu plan para él/ella. En base a esta promesa de Hechos 2:17, te pido que mi hijo(a) reciba tanto visiones diurnas, como visiones nocturnas (sueños inspirados) de manera que pueda ser guiado(a) a las profundidades de tu propósito y ser un(a) campeón(a) para la verdad en este mundo. En el nombre de Jesús, ¡amén (que así sea)!

PODER PARA PERMANECER FIRMES

*"Dios trastornará a los impíos, y no serán más; pero la
casa de los justos permanecerá firme" (Pr. 12:7).*

ESTE VERSÍCULO HABLA de dos cosas fundamentales. Primeramente, sugiere que una vida santa tiende a producir estabilidad y crecimiento a largo plazo en la familia. La "casa" como un todo, permanece firme. Segundo, declara la promesa de Dios sobre los hijos a nivel individual. En tiempos de dificultad, desilusión, carencia, e incluso de opresión y persecución, la semilla de los justos permanecerá firme. No retrocederán, se rendirán, o titubearán. Se mantendrán firmes, resistiendo las tentaciones y tomando posesión de la herencia que han recibido de parte de Dios.

Este es parte del legado que los padres y las madres consagrados traspasan a sus hijos. Cuando los hijos de los justos ven a sus padres atravesar dificultades y superarlas peleando la buena batalla y aferrándose a las promesas de Dios, aprenden a imitar el mismo comportamiento tenaz. El ejemplo reproduce en sus corazones la misma determinación a permanecer firmes y la tradición familiar continúa.

DECLARE EN ORACIÓN

Amado Dios, sé que mi hijo(a) permanecerá firme, confiando en las promesas de Dios sin importar lo que le toque enfrentar en la vida. Declaro que _____ permanecerá firme contra la tentación cuando esta se presente, firme por la verdad cuando otros flaqueen, y firme en la fe cuando las circunstancias generen dudas que puedan nublar sus pensamientos. Te pido que _____ sea un(a) adorador(a) y que permanezca en tu lugar santo (Sal. 24:3). Te pido que _____ sea un(a) intercesor(a) y que permanezca "en la brecha" por los demás (Ez. 22:30). Finalmente, te pido que _____ jamás se sienta intimidado(a) por las cosas temerosas de la vida, sino que esté firme, y vea la salvación de Jehová (Éx. 14:13). En el nombre de Jesús, ¡amén (que así sea)!

SALUD DIVINA

*"Ya que has hecho del Señor tu refugio, del Altísimo tu
lugar de protección, no te sobrevendrá ningún mal ni la
enfermedad llegará a tu casa" (Sal. 91:9–10, DHH).*

¿QUÉ SIGNIFICA HACER del Altísimo nuestro "lugar de protección"?
Esto es sin duda muy diferente al simple hecho de buscarlo en los
momentos de dificultad (volvernos religiosos cuando las circunstancias
aprietan). Más bien, sugiere una relación constante con el Señor, con un
corazón que está siempre inclinado hacia el cielo.

Cuando Dios encuentra individuos que disfrutan de estar en su
presencia, les promete la recompensa que leemos en este versículo. En
esencia, Él está diciendo: "Si decides vivir conmigo, yo decidiré vivir contigo.
Yo voy a mantener una presencia invisible en tu hogar que alejará el mal, y
derramaré mis bendiciones sobre todos los que vivan bajo tu techo".

La promesa específica del Salmo 91:9–10 es de salud divina, no solo
en cuanto a la supresión de las enfermedades, sino también en cuanto
a su prevención. El texto dice que "no te sobrevendrá ningún mal ni la
enfermedad llegará a tu casa". Quienes vivan en nuestra casa recibirán
automáticamente el influjo de esta bendición. Si en 2 Samuel 6 el hogar
de Obed-edom fue bendecido porque el arca del pacto fue llevada a su
casa, ¿cuánto más no será bendecido su hogar si la divina presencia que
descansó en el arca vive dentro de usted?

DECLARE EN ORACIÓN

*Amado Dios, creo en la promesa de Deuteronomio 7:15 de que alejarás
toda enfermedad de tu pueblo. Pero mejor aún, creo en la promesa del
Salmo 91:10 de que ninguna enfermedad llegará a mi casa. Gracias por
proteger a _____ de toda enfermedad, y por impartir salud
divina a nuestra familia, física, mental, espiritual, y del alma. Tú eres
Jehová nuestro sanador (Éx. 15:26) y el Señor de nuestro hogar. En el
nombre de Jesús, ¡amén (que así sea)!*

CONOCIMIENTO DE LA PALABRA DE DIOS

"El estableció testimonio en Jacob, y puso ley en Israel, la cual
mandó a nuestros padres que la notificasen a sus hijos; para
que lo sepa la generación venidera, y los hijos que nacerán; y
los que se levantarán lo cuenten a sus hijos" (Sal. 78:5–6).

L A PALABRA TRADUCIDA como "ley" en este pasaje es la palabra hebrea *Torá*, que es de hecho como se identifica a los primeros cinco libros de la Biblia: Génesis, Éxodo, Levítico, Números, y Deuteronomio. Estos libros fundamentales contienen mucho más que la ley (una serie de mandamientos de Dios). Están llenos de historias que edifican la fe, de maravillosas revelaciones del carácter de Dios, y de vislumbres proféticas del porvenir. Ahora tenemos más de cinco libros en la Biblia, exactamente sesenta y seis. ¡Cuánto más valioso no es ese tesoro hoy, especialmente aquellos libros que revelan la vida de Jesús y la gloria del nuevo pacto!

Pero es muy importante que este conocimiento sea traspasado a la siguiente generación. No podemos quedárnoslo para nosotros solos. Demos gracias a Dios por todos los que han trabajado diligentemente para la preservación de la Palabra de Dios durante los siglos pasados, como los escribas de antaño que meticulosamente escribieron a mano la Palabra de Dios un ejemplar a la vez. O más recientemente héroes como John Wycliffe y William Tyndale, que se atrevieron a traducir la Biblia del latín al inglés, el idioma del pueblo. Tyndale fue martirizado por su "crimen". Es necesario que valoremos el precio que otros han pagado, amemos la Palabra de Dios, la promovamos con todo nuestro empeño, preservemos sus valores, y pasemos esta responsabilidad sagrada a nuestra semilla, para que la obra de Dios pueda continuar en la tierra.

Declare en oración

Amado Dios, tu Palabra es una lámpara a nuestros pies, y una lumbrera en nuestro camino. Vivimos en un mundo sombrío, lleno de engaños y de muerte. Nadie sobrevive a este mundo, excepto aquellos que descubren tu verdad y la viven. Ayúdame a transferir a mi descendencia la interpretación correcta de tu Palabra. Despierta en _____ una comprensión profunda de tu verdad, y un fuerte reconocimiento del valor que esta tiene. Ayúdame a vivir tu Palabra delante de mi hijo(a) para que pueda recibir un ejemplo vivo de cómo nuestras vidas deben ser moldeadas por ella. Luego capacita a _____ para que siga mis pasos y sea un testimonio de la verdad para la próxima generación. En el nombre de Jesús, ¡amén (que así sea)!

ESPERANZA EN DIOS

*"El estableció testimonio en Jacob, y puso ley en Israel, la cual mandó a
nuestros padres que la notificasen a sus hijos; para que lo sepa la generación
venidera, y los hijos que nacerán; y los que se levantarán lo cuenten a
sus hijos, a fin de que pongan en Dios su confianza, y no se olviden de
las obras de Dios; que guarden sus mandamientos"* (Sal. 78:5–7).

ALGUIEN DEFINIÓ A la esperanza como el deseo casado con la
expectativa. Tertuliano, uno de los primeros padres de la iglesia,
dijo: "La esperanza es la paciencia con la lámpara encendida".[1] Según
el versículo anterior, una de las razones principales por las que Dios
nos dio su Palabra fue dar esperanza a las generaciones futuras. No es
suficiente con que esta luz solar que calienta las almas alcance los árboles
que ya han "crecido". Debe caer también sobre el suelo del bosque para
nutrir a los "retoños". La vida es impredecible. Algunas veces podríamos
enfrentar situaciones que podrían parecer infranqueables, pero tenemos
un pacto con el "Dios de esperanza" que nos llena "de todo gozo y paz
en el creer" para que abundemos "en esperanza por el poder del Espíritu
Santo" (Ro. 15:13).

Aunque esta generación se dirige rápidamente hacia tiempos de tribu-
lación como jamás los hubo en el mundo, tenemos una "esperanza bienaventurada" (Tit. 2:13): la gloriosa aparición de nuestro Señor Jesucristo.
Las Escrituras prometen que cuando lo veamos, "seremos semejantes
a él", y que "todo aquel que tiene esta esperanza en él, se purifica a sí
mismo, así como él es puro" (1 Jn. 3:2–3). Sí, de todas las promesas que
podemos trasferir a nuestros hijos, esta es una de las más importantes,
¡que Jesús viene otra vez a establecerse de una vez y para siempre como
Rey de reyes y Señor de señores en el cielo y en la tierra!

Declare en oración

Señor, pongo toda mi confianza en ti, para siempre, y en todas las cosas.
Declaro que no hay situación sin esperanza. Gracias por darme el valor
de esperar el cumplimiento de tus promesas. Esta esperanza es el "ancla"
de mi alma en medio de la tempestad. Transfiero por fe esta capacidad
espiritual a mi hijo(a), que es la capacidad de aferrarse a las promesas
de Dios, independientemente de lo que ocurra en la vida. Sé que llenarás
a _____ de "gozo y paz en el creer" para que siempre abunde
"en esperanza por el poder del Espíritu Santo", mientras ambos esperamos
esa "esperanza bienaventurada" de tu regreso, y la "esperanza de gloria"
que reside en nosotros. En el nombre de Jesús, ¡amén (que así sea)! (ver
Heb. 6:19; Ro. 15:13; Col. 1:27).

RECORDAR LAS OBRAS DE DIOS

"El estableció testimonio en Jacob, y puso ley en Israel, la cual mandó a
nuestros padres que la notificasen a sus hijos; para que lo sepa la generación
venidera, y los hijos que nacerán; y los que se levantarán lo cuenten a
sus hijos, a fin de que pongan en Dios su confianza, y no se olviden de
las obras de Dios; que guarden sus mandamientos" (Sal. 78:5–7).

COMPARTIR LA PALABRA de Dios con nuestros hijos los prepara para
la vida. Al contarles la historia de Adán y Eva, pueden entender
nuestro estado de seres caídos, y la promesa de redención de parte de Dios.
Al escuchar la historia de Noé y su familia, entienden que Dios protege a
los suyos. Cuando les hablamos de Abraham y Sara, fortalecemos su fe
para enfrentar situaciones que ante los ojos humanos parecen imposibles.
Al relatar la liberación de los israelitas de la esclavitud en Egipto, los
convencemos de que el poder de Dios puede liberarlos de cualquier
atadura en sus vidas.

Es muy importante impartir este conocimiento. Después de que
los israelitas atravesaron el río Jordán y se posesionaron de la Tierra
Prometida, algo horrible ocurrió. Jueces 2:10–12 dice: "Y toda aquella
generación también fue reunida a sus padres. Y se levantó después de
ellos otra generación que no conocía a Jehová, ni la obra que él había
hecho por Israel. Después los hijos de Israel hicieron lo malo ante los
ojos de Jehová [...]. Dejaron a Jehová el Dios de sus padres". Usted no
puede permitir que esto ocurra en su familia. Recuerde todas las cosas
maravillosas que usted ha presenciado de parte de Dios en su propia vida.
Comparta esas experiencias con su hijo(a) habitualmente. Al hacerlo,
mantendrá la llama de la fe ardiendo de generación en generación.

DECLARE EN ORACIÓN

Dios todopoderoso, te alabo por todas tus obras extraordinarias, aquellas
que has realizado en las generaciones pasadas y las que has realizado

en mi vida. Dame la capacidad de transferir a mi hijo(a) no solo el conocimiento de estas obras, sino la seguridad de que tú también puedes actuar a su favor. Jamás permitas que mi hijo(a) olvide todo lo que tú has hecho. Demando la presencia constante de tu Espíritu Santo sobre _____, para que le recuerde tus obras y tu Palabra, de manera que pueda servirte y mantenerse apartado(a) de este mundo malvado (Jn. 14:17, 26). En el nombre de Jesús, ¡amén (que así sea)!

GUARDAR LOS
MANDAMIENTOS DE DIOS

"El estableció testimonio en Jacob, y puso ley en Israel, la cual mandó a
nuestros padres que la notificasen a sus hijos; para que lo sepa la generación
venidera, y los hijos que nacerán; y los que se levantarán lo cuenten a
sus hijos, a fin de que pongan en Dios su confianza, y no se olviden de
las obras de Dios; que guarden sus mandamientos" (Sal. 78:5–7).

L A ÚNICA FORMA de vivir un vida de absoluta obediencia a Dios es
conociendo sus mandamientos. Como dije anteriormente, la palabra
hebrea traducida como ley en este pasaje es *Torá*, que hace referencia a los
primeros cinco libros de la Biblia; escritos inspirados que contienen la ley
de Moisés. Según la tradición judía, la Torá contiene 613 mandamientos
(365 negativos y 248 afirmativos). Ninguno de ellos le es requerido al
pueblo de Dios actualmente gracias a la venida de Cristo y al hecho de
que Él abrogó estas leyes. Sin embargo, eso no significa que estamos sin
ley. La Biblia dice que estamos "bajo la ley de Cristo" (1 Co. 9:21). En
otras palabras, la obediencia a los mandamientos que son aplicables hoy
viene como resultado de nuestra devoción al Señor Jesús.

Usted podría pensar que con el establecimiento del nuevo pacto,
el cual celebra la gracia de Dios, el número de mandamientos se re-
dujo. Pues déjeme decirle que no es así. De hecho se incrementaron.
Hay aproximadamente mil quinientos mandamientos en el Nuevo
Testamento. No obstante, ya no se hace énfasis en mantener reglas y
regulaciones rígidas. Jesús llamó nuestra atención hacia el "primero y
grande mandamiento" (amar a Dios con todo tu corazón, con toda tu
alma, y con toda tu mente), y el segundo que es "semejante" (amarás a
tu prójimo como a ti mismo). El Mesías insistió: De estos dos mandamientos depende toda la ley y los profetas" (Mt. 22:40). Si inculcamos
esta doble enseñanza en nuestros hijos de amar a Dios y amar al prójimo,
estarán guardando todos los demás mandamientos.

Declare en oración

Amado Dios todopoderoso, declaro que como familia somos responsables delante de ti. Me someto a tu autoridad y creo en tus mandamientos. Confío en tu promesa de que escribirás tu ley en mi corazón, y te pido que hagas lo mismo con mi hijo(a), de manera que podamos tener una inclinación natural a andar en tu camino. Te pido que _____ acepte alegremente el primer gran mandamiento de amar a Dios con todo su corazón, y el segundo gran mandamiento de amar a su prójimo como a sí mismo(a). Cuando este comportamiento complementario forme parte natural del corazón y la vida de mi hijo(a), guardar el resto de los mandamientos ocurrirá de manera automática. Le transfiero este conocimiento a _____ con la seguridad de que desarrollará la pasión de vivir tu voluntad revelada para la humanidad. En el nombre de Jesús, ¡amén (que así sea)!

PLANTAS MADURAS

"Rescátame, y líbrame de la mano de los hombres extraños, cuya boca
habla vanidad, y cuya diestra es diestra de mentira. Sean nuestros
hijos como plantas crecidas en su juventud, nuestras hijas como
esquinas labradas como las de un palacio" (Sal. 144:11–12).

ESTA ES LA oración de un padre que implora ser liberado de la influencia perniciosa de los malos para poder ser un buen ejemplo para sus hijos. Los niños tienden normalmente a imitar a sus padres. Si tenemos éxito llevando fruto para el Reino, lo más seguro es que ellos harán lo mismo. Nuestros hijos e hijas se convertirán en "plantas crecidas en su juventud". En otras palabras, cuando son "sembrados" en la verdad desde temprana edad, tienden a madurar espiritualmente a un paso acelerado.

Timoteo fue pastor en la Iglesia primitiva y, aparentemente, era bastante joven. Suponemos esto, porque Pablo le dijo: "Ninguno tenga en poco tu juventud" (1 Tim. 4:12). Timoteo debe haberse desarrollado en Dios rápidamente, porque "desde la niñez" sabía las Escrituras (2 Tim. 3:15). En él se evidenció una fe genuina, la cual habitó primero en su abuela Loida, y en su madre Eunice. Heredó un legado maravilloso.

Yo he sido testigo de esto muchas veces en familias orientadas al ministerio. No hay mejor ejemplo que el del pastor Tommy Barnett, un amigo al que admiro enormemente y que comenzó a predicar desde que era un adolescente. Él vio a su padre ministrar a los pobres y desvalidos durante años, y admite: "Algunas cosas son aprendidas, otras adquiridas. Yo adquirí mi tendencia a darlo todo de mi papá".[1]

El pastor Tommy le ha pasado la antorcha a sus hijos, quienes se han convertido en "plantas crecidas". Matthew Barnett dirige el Dream Center en Los Ángeles, una iglesia increíble que ha llegado a ser un modelo a nivel mundial del ministerio de veinticuatro horas, especialmente a los pobres y los oprimidos. Amigo lector, sus hijos también pueden adquirir la pasión por Dios que usted tiene, y convertirse en plantas crecidas desde jóvenes.

Declare en oración

Amado Dios, ayúdame a avanzar con una fe genuina y poder reproducir lo mismo en mi hijo(a). Yo he plantado a _____ "en la casa de Jehová" (Sal. 92:13). Por lo tanto, como prometen las Escrituras, espero que él/ella florezca en las cosas de Dios. Despierta en mi hijo(a) la comprensión de que las cosas terrenales son temporales y que las cosas del cielo son eternas, y dale el deseo de esas cosas que perduran para siempre. Declaro que _____ madurará en Dios desde temprana edad. Así como Ana "sembró" a su hijo Samuel en la casa de Dios y este se convirtió en una "planta crecida" desde muy joven, recibiendo visitas sobrenaturales (1S. 1–3), permite que ocurra también con mi hijo(a). En el nombre de Jesús, ¡amén (que así sea)!

PILARES DE LA VERDAD

"Que nuestros hijos florezcan en su juventud como plantas bien
nutridas; que nuestras hijas sean como columnas elegantes,
talladas para embellecer un palacio" (Sal. 144:12, NTV).

LAS COLUMNAS GENERALMENTE simbolizan rasgos especiales como: fuerza, sabiduría, rectitud, autoridad, y resolución; los cuales caracterizan a los buenos líderes. Se necesitan creyentes que se erijan como columnas para sostener la obra de Dios en este mundo. Unas columnas espirituales débiles cederán ante la presión

Cuando Jeremías era apenas un niño, Dios dijo que lo ponía "como columna de hierro", firme en contra de la oposición (Jer. 1:18). La Iglesia como cuerpo es descrita como "columna [...] de la verdad" (1 Tim. 3:15). Cada miembro de Iglesia, niño o adulto, debe exhibir entonces características de "columna" y cumplir su papel de transformador del mundo y de la historia. Todo creyente victorioso tienen el destino eterno de ser "columna en el templo de Dios", una descripción profética de nuestro rol en el Reino futuro (Ap. 3:12). Como hemos requerido que nuestros hijos participen de esta elevada experiencia, podemos esperar que sean "tallados para embellecer un palacio" desde temprana edad, y que se desarrollen como columnas sostenedoras del propósito divino que se perpetúa desde y hacia la eternidad.

DECLARE EN ORACIÓN

Amado Dios, gracias por hacer de mi hijo(a) una columna, firme e inquebrantable en su compromiso contigo. Permite que mi hijo(a) tenga sabiduría, rectitud, plena autoridad y excelencia en todo lo que realiza. Te pido que _____ sea como Jeremías y que permanezca firme por la verdad (como columna de hierro) aunque su posición no cuente con el respaldo de los demás. Finalmente, declaro por fe que _____ será una columna "tallada para embellecer un palacio", una columna eterna en el templo de Dios, y que gobernará con Dios sobre todas las cosas en el Reino venidero. En el nombre de Jesús, ¡amén (que así sea)!

PIEDRA ANGULAR

*"Rescátame, y líbrame de las manos de hombres extranjeros, cuya boca
habla falsedades, y cuya diestra es diestra de perjurio. Sean nuestros
hijos como plantas crecidas en lozana juventud, nuestras hijas cual
columnas de ángulo, esculpidas como las de un palacio"* (Sal. 144:11–12).

L A VERSIÓN REINA-VALERA (1977) del Salmo 144:12 no describe a
las hijas del pueblo de Dios como columnas para embellecer, sino
como columnas (o piedras) angulares. Una piedra angular es aquella que
se coloca al inicio de la construcción de una estructura, y que marcará en
estilo, tamaño, inclinación, y forma, al resto de la edificación. Creo que
este símbolo se está refiriendo entonces a aquellos que son usados por
Dios para iniciar sus planes específicos en esta tierra.

El ejemplo más claro de esto es Jesús mismo, a quien la Biblia llama
"la piedra angular" en Efesios 2:20 (NVI). Él fue la piedra inicial del edi-
ficio espiritual que Dios comenzó a erigir en la tierra hace dos mil años,
a fin de habitarlo con su gloria. La "construcción" de esta catedral vi-
viente hace dos milenios fue definitivamente una nueva aproximación,
una nueva revelación, algo que la Biblia llama el "nuevo pacto" (Jer. 31:31).

Si Jesús era la piedra angular y sus hijos e hijas están hechos a su
imagen, todos los creyentes debemos cumplir entonces la función de
pequeñas piedras angulares. Hemos sido llamados a ser iniciadores, in-
novadores, visionarios, forjadores de la historia, y transformadores del
mundo; seres movidos por un propósito y usados por Dios para liderar
nuevas iniciativas que tengan como objetivo el cumplimiento de sus de-
signios divinos. No me parece presuntuoso ni absurdo decirlo, "porque
somos hechura suya, creados en Cristo Jesús para buenas obras, las
cuales Dios preparó de antemano para que anduviésemos en ellas" (Ef.
2:10). Todos tenemos un propósito. Todos podemos comenzar algo de
gran valor para el cielo, aunque sea en pequeña escala.

Declare en oración

Amado Dios, te pido que le des a mi hijo(a) el valor de tener su individualidad, de defender lo que es correcto, y de ser creativo para servirte día tras día. Declaro que tú iniciarás algo de gran valor a través de _____, a fin de que el mundo pueda ser un mejor lugar. Capacítalo(a) para que sea una piedra angular, un(a) pionero(a) que dé inicio a planes y propósitos inspirados por Dios en la tierra. Dame la capacidad de preparar a _____, no para la "choza" de la mediocridad, sino para el "palacio" de la excelencia, de manera que sus dones y su llamado se manifiesten plenamente. En el nombre de Jesús, ¡amén (que así sea)!

UNA VIDA BUENA

"Y les daré un corazón, y un camino, para que me teman perpetuamente, para que tengan bien ellos, y sus hijos después de ellos" (Jer. 32:39).

NO HACER CONCESIONES, jamás aceptar la derrota, no apartarse de la perfecta voluntad de Dios. Adoptar estos elevados patrones es una buena señal de que Dios nos ha dado "un corazón". Si como padres tratamos de vivir sinceramente de esta manera, complaciendo únicamente a Dios, ocurrirán dos cosas según jeremías. Primero, resultará en una buena vida para nosotros: una vida con propósito, llena de paz, y fructífera. En segundo lugar, nuestro estilo de vida se convertirá en el modelo que seguirán nuestros hijos. Llevar una vida buena delante de ellos, y cosechar sus beneficios, despertará en ellos el deseo de seguir sus pisadas.

Usted se estará diciendo: "Seamos sinceros, todo eso suena maravilloso, pero por mucho que lo intento, no puedo ser consecuente. No he podido mantenerme enfocado espiritualmente". Pues nunca es tarde para comenzar de nuevo. A Dios le encanta olvidar el pasado y dar nuevas oportunidades. Fíjese que esta promesa le fue dada originalmente a una generación que le falló miserablemente a Dios. Derrotados por los babilónicos, perdieron todo y fueron esclavizados, pero Dios les prometió que serían reestablecidos en su tierra. Si ellos pudieron levantarse entre los escombros y comenzar de nuevo, usted también puede hacerlo.

Ahora, también es posible que usted haya sido consecuente llevando una buena vida, y sin embargo pareciera que su hijo está postrado sirviendo al mundo. Primeramente, no se sienta culpable. Segundo, no se rinda. Continúe demandando el cumplimiento de la promesa. Dios es un Dios bueno, y Él envía buenas dádivas y dones perfectos de lo alto (Stg. 1:17). Tenga fe de que Él realizará la "buena obra" (Flp. 1:6) en su hijo(a) de manera sobrenatural, y que tanto usted como él/ella "vendrán y cantarán de alegría en lo alto de Sión" (Jer. 31:12).

Declare en oración

Amado Dios, me arrepiento de todas las inconsistencias que ha habido en mi vida. Perdóname por esos momentos en que he fallado como padre en modelar una actitud cristiana delante de mi hijo(a). Te pido que me concedas un corazón y un propósito para que jamás me aparte de tus caminos. Te pido que esta firme determinación también nazca en _____, para que ambos podamos experimentar una buena vida en el nivel más elevado, llena de las bondades del Señor. En el nombre de Jesús, ¡amén (que así sea)!

EXPERIMENTAR LA GLORIA DE DIOS

"Aparezca en tus siervos tu obra, y tu gloria sobre sus hijos" (Sal. 90:16).

MOISÉS ESCRIBIÓ EL Salmo 90 bajo la inspiración del Espíritu Santo. Sabemos esto porque "toda la Escritura es inspirada por Dios" (2 Tim. 3:16). La palabra traducida como *inspirada* en este pasaje significa "exhalar". El Salmo 90 es mucho más que la palabra de un profeta intercediendo por la nación de Israel. Es el Espíritu Santo quien "exhala" sobre el profeta una petición que concierne a cada miembro del pueblo de Dios en todas las épocas.

Cada vez que el Espíritu Santo ruega, el Padre responde sin titubeos. Según esta oración, si somos siervos de Dios, podemos esperar ver a Dios obrar en nuestras vidas y manifestar su gloria en nuestros hijos.

La gloria del Señor consiste primeramente en su presencia manifiesta (como se manifestó en el monte Sinaí, en el templo de Salomón, y en el aposento alto). La gloria del Señor también se refiere a las demostraciones de su poder que dan honra y gloria a su nombre. El Espíritu Santo ya intercedió por nuestros hijos a través de Moisés. Es nuestra responsabilidad creer, declarar, y alabar a Dios por el cumplimiento de su santo designio.

DECLARE EN ORACIÓN

Amado Dios, declaro que soy siervo(a) de Dios. Renuevo mi compromiso de servir para tus propósitos en este mundo. Como estoy comprometido(a) en esto, espero que obres en mi vida, y participar en tus obras en este mundo. Declaro con la fe puesta en esta promesa que tu gloria se manifestará en mi hijo(a). Te alabo por revelarle sobrenaturalmente tu poder y tu grandeza a _____, de manera que de él/ella puedan fluir alabanzas hasta tu trono. Confío Señor en que harás cosas maravillosas en, para, y a través de mi hijo(a) las cuales serán para honra y gloria de tu nombre para siempre. En el nombre de Jesús, ¡amén (que así sea)!

UNA HERENCIA DEL SEÑOR

*"Los hijos son una herencia del Señor, los frutos del
vientre son una recompensa"* (Sal. 127:3).

QUIEN DEJA UNA herencia transfiere su legado de diversas maneras.
Deja una herencia de lo que tiene y de lo que hace; y mejor aún (en
el caso de siguen a Cristo), deja una herencia de lo que es. Según el versículo de arriba, los hijos son parte de la herencia que Dios ha legado a su
pueblo. Dios es el Creador, y una de sus capacidades más maravillosas es
la de crear. Entonces, como parte de nuestra herencia está la capacidad
procreadora, la cual me parece uno de los mayores dones que poseemos.

Es algo muy profundo el hecho de que el hombre y la mujer puedan
unirse en matrimonio e impartirle su imagen y semejanza a su descendencia. De hecho, cuando un niño es concebido, ¡contiene un alma que
vivirá para siempre! Dios pudo haberse reservado esta peculiaridad crea-
tiva para sí, pero Él se regocijó en concedernos un poderos reflejo de lo
que Él es y de lo que hace.

DECLARE EN ORACIÓN

*Amado Dios, te agradezco primeramente por mi hijo(a). Yo he recibido
a _____ como parte de tu herencia. Alabo tu nombre porque mi
imagen y mis valores le han sido traspasados. He trabajado conjuntamente
contigo a nivel creativo, tanto en lo físico como en lo espiritual, para llenar
la tierra con personas que aman a Dios. Te agradezco por la capacidad de
transferirle a mi hijo(a) la herencia de lo que tengo, pero principalmente la
herencia de lo que soy y de lo que hago. Yo soy siervo(a) de Dios, hijo(a) de
Dios, y miembro de la novia de Cristo; y me he casado contigo para siempre.
Transfiero por fe estas gloriosas facetas de mi identidad a _____.
Que él/ella reciba esta herencia con gratitud y con fe, y que luego se convierta en "una herencia del Señor" que sea transferida a la siguiente generación. En el nombre de Jesús, ¡amén (que así sea)!*

RECOMPENSA DE DIOS

"Los hijos son una herencia del Señor, los frutos del
vientre son una recompensa" (Sal. 127:3).

UNA RECOMPENSA ES algo que se recibe a cambio de un buen comportamiento o una actuación excepcional. Según Hebreos 11:6, quienes acuden a Dios deben primero "creer que existe y que recompensa a los que lo buscan" (DHH). Esta es la naturaleza de Dios. Él disfruta remunerando a sus hijos por su servicio, y cuando Él regrese, "su recompensa" estará "con Él" (Is. 62:11). Pero estas recompensas no solo han sido reservadas para el futuro. Él también nos recompensa en esta vida.

En el texto clave, Dios declara que "los frutos del vientre son una recompensa". Una de las maneras en que Dios nos recompensa entonces es enviando hijos a nuestras vidas. Los hijos tienen el propósito de producir alegría, satisfacción, y la perpetuación de nuestro nombre y nuestros valores. Desafortunadamente, a algunos creyentes les ocurre lo opuesto. Los hijos a veces producen dolor y desilusión, rechazan los valores de los padres, e incluso rechazan su fe. ¿Deben los padres en una situación semejante sucumbir ante la depresión y darse por vencidos? ¡Por supuesto que no! Más bien deben reiterar una y otra vez que sus hijos son una recompensa de Dios. Declarar esta verdad con fe tiene el poder de revertir cualquier situación por muy mala que sea.

DECLARE EN ORACIÓN

Amado Dios, reclamo el cumplimiento de esta promesa por fe: que mi hijo(a)
es parte de la herencia que tú me has dado. _____ es un regalo
de Dios, una recompensa de tu parte. Declaro y sé que él/ella cumplirá el rol
que le has asignado, y que perpetuará los valores bíblicos en la tierra. Yo he
plantado muchas semillas de la verdad en _____. Sé que él/ella
producirá mucho fruto para el Reino, y que al final también recibirá la mayor
recompensa de Dios. En el nombre de Jesús, ¡amén (que así sea)!

RICAS BENDICIONES

"Los hijos que nos nacen son ricas bendiciones del Señor" (Sal. 127:3, DHH).

CUANDO DIOS SE le apareció a Abraham, le prometió: "Te bendeciré, [...] y serás bendición; [...] y serán benditas en ti todas las familias de la tierra" (Gn. 12:2–3). Más adelante le prometió: "En tu simiente serán benditas todas las naciones de la tierra" (Gn. 22:18). Dios prometió bendecir a Abraham dándole hijos, y luego prometió usar esos hijos para bendecir a todas las familias de la tierra de cada nación, raza, y cultura. ¡Qué bendición es tener hijos que lleven su imagen, tanto física como espiritual! ¡Qué bendición es que estos le retribuyan el amor que usted les ha dado! ¡Qué bendición es verlos madurar y hacer realidad sus sueños! ¡Pero qué mayor bendición es verlos bendecir a otros con la verdad y compartir las bendiciones de Dios en esta tierra! ¡Esto es lo que significa "una rica bendición", y es lo que decreto para usted y para los suyos!

DECLARE EN ORACIÓN

Amado Dios, Gálatas 3:9 afirma que los que son "de fe" "son bendecidos con el creyente Abraham". Declaro que una de mis mayores bendiciones será la perpetuación de la bendición de Dios a través de mi descendencia. Declaro que _____ es y será una gran bendición para mí. Pero por sobre todo, mi hijo(a) será una bendición para ti y para muchos otros mientras esté en este mundo. Que esta bendición fluya poderosamente a través de _____ y que su influencia se extienda alrededor del mundo. En el nombre de Jesús, ¡amén (que así sea)!

ARMAS ESPIRITUALES

"Los hijos que nos nacen son ricas bendiciones del Señor. Los hijos que nos nacen en la juventud son como flechas en manos de un guerrero. ¡Feliz el hombre que tiene muchas flechas como esas! No será avergonzado por sus enemigos cuando se defienda de ellos ante los jueces" (Sal. 127:3–5, DHH).

"**C**OMO FLECHAS EN manos de un guerrero". ¡Qué manera tan particular de describir a los hijos de los padres que aman a Dios! Sin embargo, a la luz de la guerra espiritual universal que se lleva a cabo por el control de las almas, cobra sentido el hecho de que los padres sean comparados con "guerreros". Los buenos padres pelean diariamente la buena batalla de la fe contra las tinieblas espirituales en sus vidas y en las vidas de otros.

Las madres y los padres consagrados a menudo reciben vislumbres sobre los dones de sus hijos. La responsabilidad sagrada de estos padres es "cargar" a sus hijos e hijas en el "arco" de una vida comprometida con la verdad, y "dispararlos" hacia su destino divino.

Cuantos más hijos usted tenga sirviendo a Dios y cumpliendo sus propósitos, mayor será su felicidad.

La traducción de la Biblia la Palabra (Hispanoamérica) traduce el Salmo 127:5 de esta manera: "¡Feliz quien llena con ellas su aljaba! No será humillado si se enfrenta al adversario". Cuando usted enseña a sus hijos a ser "armas de justicia" en las manos de Dios, estos vendrán en su defensa en tiempos de necesidad (ver Ro. 6:13, PDT).

DECLARE EN ORACIÓN

Dios de todas las huestes, tú eres el Dios de la guerra. Ahora mismo estás librando batalla contra potestades y principados por el control de este mundo. Declaro que mi hijo(a) no solo es una flecha en mi aljaba, sino como dice Isaías 49:2, un arma en las manos del Dios todopoderoso. Dame la capacidad de tener claro el objetivo en el destino de mi hijo, para que como tu brazo extendido yo pueda dispararlo(a) hacia el blanco de tu perfecta voluntad para su vida. Te pido que _____ sea usado(a) por ti para ganar grandes batallas espirituales, de manera que tu Reino pueda avanzar en este mundo. Que cada vez que el enemigo trate de inmiscuirse por alguna puerta a nuestro círculo familiar, no me sienta avergonzado(a) como padre/madre al ver a _____ oponiéndose a las artimañas satánicas, defendiendo "la puerta" y venciendo valientemente para la causa de Cristo. En el nombre de Jesús, ¡amén (que así sea)!

ESCOGIDOS POR DIOS

"Desde los cielos te hizo oír su voz, para enseñarte; y sobre la tierra te mostró su gran fuego, y has oído sus palabras de en medio del fuego. Y por cuanto él amó a tus padres, escogió a su descendencia después de ellos, y te sacó de Egipto con su presencia y con su gran poder" (Dt. 4:36–37).

SEGÚN ESTE PASAJE, una de las razones principales por las que Dios escogió a la nación de Israel fue simplemente el amor que tenía por sus padres, Abraham, Isaac, y Jacob. En Deuteronomio 7:7–8, Él añade que escogió a Israel por "el juramento que juró" a los patriarcas, y no porque Israel fuera una gran nación. Por el contrario, era "el más insignificante de todos los pueblos".

La personalidad de Dios no ha cambiado. Los cristianos verdaderos son intensamente amados por Dios, así como lo fueron los patriarcas. Por lo tanto, es lógico que Él trate a sus descendientes de la misma manera, reconociéndolos como "su tesoro especial" (v. 6, NTV). Por supuesto, en el nuevo pacto Dios ha abierto su corazón y sus brazos a toda la humanidad, y no solo a una nación o grupo humano. Sin embargo, los descendientes de los justos siguen teniendo una importancia especial para Él.

DECLARE EN ORACIÓN

Amado Dios, te amo con todo mi corazón, y estoy convencido(a) de que tú también me amas con un amor perdurable, y que nada podrá separarme de tu amor. Has rodeado a mi familia de promesas maravillosas. Debido al lazo de amor que existe entre tú y yo, sé que escogerás a _____ como tu tesoro especial, guiándole, instruyéndole, y ayudándole en numerosas maneras para que pueda cumplir tus propósitos para su vida y para la eternidad. En el nombre de Jesús, ¡amén (que así sea)!

64

VIDA ETERNA

"Porque como los cielos nuevos y la nueva tierra que yo hago
permanecerán delante de mí, dice Jehová, así permanecerá
vuestra descendencia y vuestro nombre" (Is. 66:22).

NO HAY PROMESA más maravillosa que haya salido de los labios de Dios que la que afirma que nuestros hijos permanecerán en su presencia para siempre. Según este versículo, esta declaración es tan estable e inmutable como la nueva creación. Dios anhela la restauración de un universo libre de maldad, impregnado de paz, e inmerso en su infinito amor. Pero más que eso, anhela el día en que tanto nosotros como nuestros descendientes seamos transformados completamente a su imagen, perfectos, glorificados, y resplandecientes como el sol en el Reino del Padre.

¿Significa esto que nuestros hijos vivirán eternamente en un estado de pureza inmaculada aunque escojan servir o no servir a Dios? ¡Por supuesto que no! Sin embargo, sí implica que debido a nuestro compromiso, el Padre mostrará una consideración extraordinaria hacia nuestros hijos capacitándolos para que tomen las decisiones correctas. Él irá más allá de la norma al ayudarlos a tomar el camino que conduce hacia la herencia infinita.

La Biblia cuenta que cuando Dios estaba listo para juzgar a Sodoma y Gomorra, "se acordó de Abraham, y envió fuera a Lot de en medio de la destrucción" (Gn. 19:29). Aunque Lot era apenas sobrino de Abraham, él y su familia pudieron escapar del torrente de fuego y azufre que cayó del cielo, por el simple hecho de tener una conexión familiar con el patriarca. ¡Cuánto más no hará Dios por los hijos de su pueblo! Debemos convencernos de esto, al punto de agradecerle de antemano y decretar lo que dice 1 Juan 2:25 para toda la familia: "Esta es la promesa que él *nos* hizo, la vida eterna" (itálicas añadidas).

Declare en oración

Amado Dios, el destino de mi hijo(a) está asegurado en ti. En todas las luchas que le toque enfrentar a _____ en la vida, recordarás mi compromiso contigo y le salvarás de este mundo de destrucción. Tú eres el todopoderoso, y las intenciones de tu corazón se cumplirán. Tú has planificado llevar a cabo una nueva creación (un cielo nuevo y una tierra nueva) en la que ya no habrá dolor, ni maldad, ni influencias satánicas, ni maldición. Nada podrá cambiar tu propósito divino, o evitar que así ocurra. De igual manera, sé que en tus planes está hacer de mi hijo una nueva criatura que tenga la capacidad de amarte, servirte, y permanecer en tu presencia para siempre (2 Co. 5:17). Declaro que _____ también será librado(a) para siempre de las tinieblas, del dolor, de la maldad, de toda influencia satánica, y de toda maldición. Como nueva criatura permaneceré delante de ti, colmado(a) de tu presencia, y perfeccionado(a) en todo. Así mismo será mi descendencia, perfecta delante de ti por los siglos de los siglos. En el nombre de Jesús, ¡amén (que así sea)!

REVELACIÓN

"Las cosas secretas pertenecen a Jehová nuestro Dios; mas las reveladas son para nosotros y para nuestros hijos para siempre, para que cumplamos todas las palabras de esta ley" (Dt. 29:29).

HAY CIERTOS MISTERIOS O "cosas secretas" relacionadas con Dios, el universo, y la humanidad, que quizá jamás llegaremos a comprender plenamente en esta vida. Pero hay otras verdades reveladas que podemos contar entre nuestras posesiones más preciadas. Cuando Dios nos revela una verdad, esta nos cambia de manera permanente para que nosotros también podamos cambiar el mundo que nos rodea con la misma verdad. Hay muchos ejemplos bíblicos de revelaciones que produjeron grandes transformaciones a nivel personal, nacional e incluso global.

+ Dios se le reveló a Noé, y la raza humana fue librada de la extinción (Gn. 6–9).

+ Dios se le reveló a Abraham, y nació una nación producto del pacto (Gn. 17).

+ Dios se le reveló a Moisés, e Israel fue liberado de la esclavitud (Éx. 3–12).

+ Dios se le reveló a Saulo (más tarde llamado Pablo), y se abrió de par en par la puerta del evangelio para los gentiles (Hch. 9).

Ahora Dios se le ha revelado a usted de manera especial. Él ha abierto su comprensión en relación a estas sesenta y cinco promesas declaradas sobre los hijos de los justos. Esta revelación le pertenece a usted y a sus hijos. ¡Adelante! Ahora puede esperar resultados tan drásticos a nivel personal como lo fueron la construcción del arca, el nacimiento milagroso de Isaac, el colapso del imperio egipcio, y la predicación del evangelio a toda nación. Si la verdad revelada pudo lograr resultados tan sorprendentes en otros por medio de la fe, ¿qué no podrá lograr para usted y sus hijos? ¡Comience ya a alabar a Dios por el milagro que necesita!

Declare en oración

Amado Dios, gracias por todas las revelaciones que me has dado, especialmente esta revelación de las promesas que has proclamado sobre los hijos de tu pueblo. Este conocimiento me pertenece. Lo proclamo como un don de Dios. También le pertenece a mi hijo(a) _____, y nadie podrá quitárnoslo. Forma parte de la maravillosa herencia que nos has impartido. Esta verdad maravillosa ha llegado a nuestro hogar para bendecir, cambiar, y transformar el mundo. Te pido y declaro la activación de estas promesas a nuestro favor. Pero más que eso, Señor, te pido que nos uses para activar estas promesas en las vidas de otros. Declaro que estas promesas no terminarán con nosotros, sino que continuarán pasando de una vida a la otra hasta que circunden el planeta. En el nombre de Jesús, ¡amén (que así sea)!

"Más cosas se han logrado por medio de la oración de lo que este mundo se imagina. Por tal motivo, permita que su voz se levante como una fuente para mí de noche y de día".[1]
—ALFRED LORD TENNYSON

"Siempre hay un momento en la infancia en el que se abre la puerta y deja que entre el futuro".[2]
—GRAHAM GREENE

SU FE MARCARÁ LA DIFERENCIA

"Los niños pocas veces experimentan victorias por sí solos. Cuando se los abandona, muy pocos recorren rápidamente el camino de su potencial. Necesitan la ayuda de sus padres para poder lograrlo".[3]
—JOHN C. MAXWELL

HEBREOS 11:1 NOS dice: "Es, pues, la fe la certeza de lo que se espera, la convicción de lo que no se ve". En este momento su fe debería estar ardiendo. Todo lo que acaba de leer es verdadero. Dios dio estas promesas, y Él las cumplirá.

Jacob hizo un manto de muchos colores para José, su hijo predilecto, y se lo colocó en señal de su gran amor. De la misma manera, al declarar estas sesenta y cinco promesas divinas y demandar su cumplimiento, usted ha tejido un manto de muchos colores y lo ha colocado amorosamente sobre su hijo(a). ¡Qué cosa tan poderosa ha hecho! ¡Qué punto crucial en su relación! ¡Qué impartición de bienestar de parte de Dios y de parte suya!

El manto original con los colores del arcoíris simbolizaba el llamado de Dios para José, su unción, ese manto protector del Padre celestial que lo impulsó poderosa y exitosamente en medio de todas las difíciles circunstancias que le tocó enfrentar en la vida. Primero fue rechazado y traicionado, luego esclavizado, y después calumniado y encarcelado en el calabozo del faraón. A pesar de todo esto, el manto espiritual que José llevaba—la unción de su vida—, lo sacó del foso en el que se encontraba y lo llevó a las alturas un día cuando el faraón lo designó primer ministro de todo Egipto. ¡Qué lo mismo ocurra con su descendencia! Que estas promesas sean un manto protector que impulse a su hijo(a) en medio de todos los desafíos de la vida, rumbo al glorioso destino que le aguarda.

Un arcoíris de promesas

Ya se ha probado suficientemente que las bendiciones de Dios a los padres consagrados son transferidas al linaje familiar, porque Él "siempre se ha acordado de su pacto, de la palabra que ordenó *a mil generaciones*" (Sal. 105:8, *itálicas añadidas*). La Biblia no define exactamente la duración de una generación. Podría ser cualquier período de tiempo desde veinte hasta cien años (aunque pareciera por el Salmo 95:10 que se tratara de cuarenta años). Pero independientemente de la cantidad que usemos para definir una generación, se trata de un tiempo sumamente largo al multiplicarlo por mil, algo entre veinte mil y cien mil años.

¡Qué impresionante resulta que su relación con Dios pueda tener una influencia tan duradera! Ahora, si la influencia de su relación con Dios puede extenderse de esa manera en el futuro, más allá de su propia existencia y del recuerdo de su nombre, ¡cuánto más no influirá a las generaciones inmediatas después de usted! Esta es una verdad maravillosa, pero se pone incluso mejor.

Veamos la promesa que Dios le hizo a Noé. Después de que este patriarca y su familia fueron resguardados en el arca alrededor de un año, las aguas del diluvio comenzaron a bajar. Dios entonces los sacó del arca para que contemplaran algo asombroso: el primer arcoíris de la historia cruzando el cielo de par en par. El Dios altísimo le explicó a Noé el motivo detrás de esta maravillosa exhibición de arte divina.

> "Y dijo Dios: Esta es la señal del pacto que yo establezco entre mí y vosotros y todo ser viviente que está con vosotros, por siglos perpetuos: Mi arco he puesto en las nubes, el cual será por señal del pacto entre mí y la tierra. Y sucederá que cuando haga venir nubes sobre la tierra, se dejará ver entonces mi arco en las nubes. Y me acordaré del pacto mío, que hay entre mí y vosotros y todo ser viviente de toda carne; y no habrá más diluvio de aguas para destruir toda carne" (Gn. 9:12–15).

Este pacto no era solo una promesa para Noé, sino también para toda su descendencia, lo que incluía a todas las generaciones. Aquí estamos, miles de años después, los justos y los impíos, aún beneficiándonos de este pacto, y podemos confiar que Dios lo cumplirá. La tierra jamás será destruida por un diluvio nuevamente. Y punto.

¿Por qué no esperar algo igual de duradero y poderoso en su compromiso con Dios? El Dios de Noé es el Dios suyo. Su naturaleza es la misma. Su posición no ha cambiado. Él incluso puede darle una señal a usted también (especialmente si se la pide) de dedicación a su familia (pedir una "señal" es bíblicamente aceptable, ver Isaías 7:11).

Su relación con Dios ha colocado a toda su descendencia bajo una especie de arcoíris espiritual, un arco de esperanza, una banda multicolor de sesenta y cinco promesas divinas. Estas promesas permanecerán sobre ellos de manera "viva y eficaz" (Heb. 4:12) "por siglos perpetuos" (Gn. 9:12) extendiéndose en el futuro con una influencia eterna. Esta es una promesa aun mayor y duradera que el compromiso de las "mil generaciones" del Salmo 105:8.

No permita entonces que el miedo nuble su visión. Deje la ansiedad y las preocupaciones, y deje de ver a sus hijos como débiles, vulnerables, e influenciables. No considere que están acorralados por el mundo, vestidos con los harapos de lo carnal, o azotados por las tormentas de la vida. Todo lo contrario. Debe considerar que su semilla es fuerte, confiada, valiente, y bendecida por el Señor, que cada uno lleva puesta una túnica de muchos colores (como señal de la preferencia de Dios, una reliquia familiar que se remonta hasta usted) y vive bajo el "arcoíris de la promesa" (la señal del pacto del poder de Dios que lo sacará a usted y a su descendencia de toda tormenta).

Y recuerde: ¡LQUDELQR! ¿Qué significa eso? Es un acrónimo que espero que jamás olvide: *Lo que usted dice es lo que recibe.*

No solo piense en esta realidad para su semilla. Repítala cada vez que pueda. Declare: "¡Mi hijo(a) está vestido(a) con una túnica espiritual de muchos colores!", y "¡Mi hijo(a) mora bajo un arcoíris de promesas que se extiende desde el principio hasta el final de su vida!". Cuanto más lo diga, más lo creerá. Cuánto más lo crea, más probable es que vea a Dios crear circunstancias espirituales óptimas en la vida de su hijo(a).

Le ruego que adopte el poder de declarar las cosas que se explica en el principio de este libro. No puedo hacer demasiado énfasis en ello ahora que estamos llegando al final. Sin embargo, permítame resaltar una información adicional importante: no ponga su fe en el hecho de repetir una y otra vez una declaración. Confíe en que *el Dios magnífico y poderoso* que cuida de este mundo (mientras hace la declaración) las hará realidad. Luego, mantenga la *esperanza*, la cual es una palabra poderosa que representa el hecho de tener expectativas positivas.

DOS SÍMBOLOS PODEROSOS

¿Alguna vez se ha fijado las cajitas negras que los judíos usan en la frente y en sus antebrazos, sobretodo al orar? Estos objetos se llaman "tefilín" o "filacteria", y son mencionados tanto en el Antiguo como en el Nuevo Testamento (Éx. 13:16; Mt. 23:5). Si usted abre uno de estos tefilín, encontrará cuatro tiras de pergamino en cuatro cámaras (en el tefilín de la cabeza) o una tira de pergamino con cuatro columnas en una cámara (en el tefilín del brazo).

En los pergaminos hay cuatro pasajes de las Escrituras escritos a mano: Éxodo 13:1–10, Éxodo 13:11–16, Deuteronomio 6:4–9, y Deuteronomio 11:13–21. Estos pasajes revelan verdades que son fundamentales para el pueblo de Dios aún hoy, pero formaban parte de la ley para los antiguos israelitas. Le recomiendo que cuando pueda lea estos pasajes para que entienda un poco mejor esta costumbre.

Una tradición similar es la colocación de algo llamado "mezuzá" en las puertas y dinteles de los hogares judíos. La mezuzá es un pergamino escrito a mano metido en una caja rectangular de unos veinte centímetros de alto por dos o tres centímetros de largo.

Esta caja ornamental, que puede estar hecha de madera, metal, vidrio, o cerámica; contiene dos de los cuatro pasajes bíblicos que se encuentran en la filacteria: Deuteronomio 6:4–9, y Deuteronomio 11:13–21. Cuando las familias judías entran a sus hogares, tocan o besan la mezuzá en señal de adoración. Cada vez que lo hacen, están ratificando las promesas contenidas en la caja, y su creencia de que el Dios de Abraham está protegiendo su hogar, cuidando su familia, y cumpliendo las promesas a su favor.

Cuatro versículos en uno de los pasajes clave de la mezuzá explican el propósito de estas dos costumbres relacionadas (el uso del tefilín, y la colocación de la mezuzá en las puertas). El Altísimo, el Dios del universo, ordena:

> "Pondréis estas mis palabras en vuestro corazón y en vuestra alma, y las ataréis como *señal en vuestra mano*, y serán por *frontales entre vuestros ojos* [el tefilín]. Y las enseñaréis a vuestros hijos, hablando de ellas cuando te sientes en tu casa, cuando andes por el camino, cuando te acuestes, y cuando te levantes, y las escribirás en los postes de tu casa, y en tus puertas [la mezuzá]; para que sean vuestros días, y los días de vuestros hijos, tan numerosos sobre la tierra que Jehová juró a vuestros padres que les había de dar, como los días de los cielos sobre la tierra" (Dt. 11:18–21, itálicas añadidas).

Si usted es judío, seguramente conoce bien las implicaciones espirituales de estas costumbres. Si no lo es, tal vez se estará preguntando qué tienen que ver estas cosas con su vida. Pues tómelo de manera figurada, asociándolo con las promesas contenidas en este libro. No le estoy pidiendo que use un tefilín en su frente, pero estas sesenta y cinco promesas pueden dominar sus pensamientos hasta que se sienta más seguro de ellas que cualquier circunstancia que esté enfrentando con su hijo(a). Tampoco le estoy pidiendo que use un tefilín en su brazo, pero usted puede dejar que estas sesenta y cinco promesas dirijan la relación que usted tiene con su descendencia. Eso es precisamente lo que simbolizan el brazo y la mano: cómo interactuar con otros y el amor que usted expresa.

Hablando sobre estas dos tradiciones (el tefilín y la mezuzá), el pastor

Ed Young señala que "El pasaje de Deuteronomio establece el principio de crear un ambiente lleno de la Palabra de Dios y de sus verdades. La familia debe ser saturada con el conocimiento de los principios de Dios para la vida".[4] Para llevar estas prácticas al marco del nuevo pacto, usted debe considerar lo siguiente:

+ Escribir algunas de las promesas que ha estudiado en tarjetas tipo ficha y colocarlas en diversos lugares de su casa, como el refrigerador, o la entrada de la habitación de su hijo(a), de manera que sirvan como un recordatorio constante.

+ Tocar y declarar de vez en cuando las promesas que ha colocado de una manera reverente, y alabando a Dios por su cumplimiento.

+ Hablarle a su hijo(a) sobre estas promesas. Sin exagerar, inclúyalas en sus conversaciones de maneras creativas cada vez que pueda.

Haga esto "para que su vida y la de sus hijos en la tierra que el Señor prometió dar a sus antepasados sea tan larga como la existencia del cielo sobre la tierra" (Dt. 11:21, DHH).

Las filacterias son unas pequeñas cajas de cuero con largas tiras que sirven para que los adoradores las usen en sus frentes o en sus brazos. Adentro de las cajas hay cuatro pasajes de la Tora (Éx. 13:1–10; 13:11–16; Dt. 6:4–9; 11:13–21). Una filacteria llevada en el brazo izquierdo es un recordatorio a guardar la ley de Dios con todo el corazón. La que se usa en la frente sirve para recordarle al adorador que debe mantenerse enfocado en la ley.

La mezuzá es un pergamino sagrado inscrito con pasajes de la Torá. Las familias judías practicantes colocan estos pergaminos en unas cajas protectoras que guindan en los dinteles de sus puertas. A la caja también se la conoce como mezuzá.

Bajo la sombra del Altísimo

Jamás olvide que usted está bajo la autoridad de Dios, y que su hijo(a) está bajo su autoridad como padre/madre. De esta manera, hay un desborde de influencia divina que pasa de usted a su descendencia. Usted tiene influencias en el cielo, amigos en lugares altos. El Dios altísimo reconoce su posición como padre. Así como hizo Booz por Rut cuando esta se acostó a sus pies (Rut 3), Dios también extiende el borde de su capa de autoridad espiritual sobre usted. Se trata de un manto redentor de protección, provisión y poder que los cubre a usted y a sus hijos.

Uno de mis versículos favoritos es el Salmo 91:1: "El que habita al abrigo del Altísimo, morará bajo la sombra del Omnipotente". Quiero que se fije primero en las dos primeras partes de esta oración. La primera frase presenta el mandato de Dios: que los creyentes moren al abrigo del Altísimo. La segunda frase presenta la promesa: que Él los protegerá bajo su sombra cada día de sus vidas.

Fíjese también en los dos nombres de Dios revelados en este versículo: *El Elyon*, traducido como "el Altísimo", y *El Shaddai*, que significa "Omnipotente". El compromiso divino es para con aquellas personas que moran "al abrigo del Altísimo". En otras palabras, es un compromiso hecho con los que reconocen a Dios como el Altísimo en sus vidas, mayor que cualquier otra cosa o persona. Estos devotos tienen el privilegio de morar "bajo la sombra del Omnipotente"; es decir, bajo la protección, provisión, y el poder de Dios.

Sus hijos entran en esta misma promesa de protección de manera automática. Debido a su relación con Dios, esta cubierta espiritual invisible se extiende sobre su existencia terrenal, con resultados muy visibles.

Uno de los recuerdos más vívidos que tengo de mi infancia ilustra esta verdad de manera maravillosa. En la década de los cincuenta, mi madre y sus cuatro hijos tomamos un vuelo hacia la bahía de Guantánamo, en Cuba, donde mi padre estaba asignado. Ajenos totalmente a lo que ocurría, justo cuando el avión aterrizó en Santiago, Castro y sus fuerzas descendían a la ciudad para tomarla. El aeropuerto fue cerrado, y no pudimos tomar el vuelo que nos llevaría a nuestro destino.

Esa noche fue una experiencia terrible para mí, que apenas tenía seis años. Mi madre, mi hermano, mis dos hermanos, y yo, fuimos escoltados a la habitación de un hotel (que a pesar de lo sucio y deslucido resultó bastante cómodo), donde no pudimos dormir. Lo que escuchábamos era sonidos de ráfagas y de balas rasantes a medida que los rebeldes se abrían paso por las calles y las avenidas. Todos nos echamos al piso mugriento. Mamá nos explicó que si permanecíamos en el piso, las posibilidades de que una bala nos alcanzara eran menores.

Cuando mi padre se enteró de nuestra situación, consiguió rápidamente un vehículo oficial de la base naval. El vehículo tenía una bandera estadounidense pegada a la antena, y solía ser usado para transportar funcionarios importantes. Mi papá se puso su traje militar de gala, con todas sus medallas y condecoraciones de la Marina de los Estados Unidos, y comenzó a conducir a través de las peligrosas carreteras montañosas para buscar a su familia. Cuando veían el vehículo y el uniforme de mi padre, los insurgentes lo saludaban y lo dejaban pasar sin problemas en las alcabalas y los puestos de vigilancia.

Una vez pudimos subirnos al vehículo, papá pidió que los niños nos acostáramos en el piso entre el asiento delantero y el trasero. Aún hoy recuerdo mirar asombrado las filas de soldados marchando con rifles en sus hombros. Les pasábamos por el frente, pero era como que no nos veían. No entendía qué era lo que estaba pasando. Lo único que supe es que una vez que llegamos, estábamos seguros.

Cuando los soldados rebeldes se quedaban viendo el vehículo, su mirada se fijaba mayormente en la bandera roja, blanca y azul que identificaba nuestra nacionalidad. Tal vez presumían que los adultos que iban adentro eran intocables, o personal militar de alto nivel. Como mi papá estaba sometido a la autoridad de la cadena de mando por encima de él, había una transferencia de autoridad a través de él. Esta cadena de autoridad comenzaba en el presidente de Estados unidos y su gabinete, y pasaba por el Congreso, el Senado, el Pentágono, y el Estado Mayor, hasta llegar hasta este comandante de la Marina de nombre Andrew Shreve, que estaba atravesando territorio enemigo.

En el vehículo no habían otros funcionarios gubernamentales o militares de alto rango, pero mi padre estaba rodeado de una hueste invisible: los miles de hombres y mujeres al servicio de las Fuerzas Armadas de los Estados Unidos. Los guerrilleros sabían que si llegaban a tocarnos o hacernos algún daño por el camino, estarían provocando una respuesta del gobierno de Estados Unidos, algo para lo que no estaban preparados en ese momento. Como mi papá estaba bajo la "sombra" del gobierno de Estados Unidos, estaba seguro; y como nosotros estábamos bajo la "sombra" de nuestro padre, estábamos seguros.

Así ocurre con usted y sus hijos. Si sus hijos están en territorio enemigo, ¡vaya por ellos como hizo mi padre! Póngase su "uniforme militar"; la armadura completa de Dios (Ef. 6:10–12). Agite la bandera ensangrentada del Calvario mientras reclama a sus hijos en oración, y tráigalos de vuelta a casa. Usted no está solo(a). El Señor de los ejércitos, el Comandante de un ejército de ángeles, ha enviado a sus espíritus ministradores para que lo(a) cuiden a usted y a los suyos. Usted está bajo la sombra de Dios, y ellos están bajo la suya.

Crea esto con todo su corazón. Crea esto con toda su mente. Crea esto con todas sus fuerzas. Su fe marcará la diferencia. El milagro para usted y su familia ya está en acción. ¡Permita que suceda! ¡Para la gloria de Dios y la honra de su nombre!

DIARIO DE ADORACIÓN Y PROGRESO

ESTA SECCIÓN TIENE como objetivo ayudarlo(a) a llevar un registro escrito de la manera en que Dios lo(a) dirige al orar por su hijo(a) y las diferentes maneras en que responde sus oraciones. Si necesita más espacio para escribir, o si está leyendo una versión digital de esta libro, le recomiendo que compre un diario en el que pueda registrar las cosas que Dios le dé para declarar sobre sus hijos, las ideas que el Espíritu Santo fije en su mente, y los muchos testimonios que tendrá con el paso de los años. Si tiene más de un hijo, le recomiendo que lleve un diario separado o un ejemplar de este libro para cada uno de ellos.

La visión de la familia

La Biblia dice: "Donde no hay visión, el pueblo se extravía" (Pr. 29:18, NVI). Escriba la visión y la misión de su familia, y compártala con sus hijos. Permita que esto los guíe para el cumplimiento del plan de Dios para sus vidas. Mi recomendación es que haga una declaración relacionada con los dones y las capacidades de su hijo(a), y una declaración relacionada con los frutos que usted cree que resultarán cuando estos dones se manifiesten. Podría ser beneficioso que la visión conste de dos partes: su visión para su hijo(a) (o para cada uno de ellos individualmente si tiene más de uno), y su visión en cuanto a lo que la familia en conjunto puede completar tanto material como espiritualmente. Podría incluso dividirla en períodos de cinco, diez, o veinte años.

Informes de adoración

El Salmo 103:2 nos dice: "Alaba [...] al Señor, y no olvides ninguno de sus beneficios". Utilice el espacio de abajo para anotar las diferentes maneras en que Dios ha respondido sus oraciones y ha traído la victoria a su familia. Mantenga este registro como un recordatorio de su bondad y fidelidad tanto para usted como para sus hijos.

ORACIONES PERSONALES

Las oraciones contenidas en este libro tienen el propósito de guiarlo(a) al declarar las sesenta y cinco promesas. Pero a medida en que Dios le vaya revelando maneras más específicas de orar por sus hijos, puede escribirlas aquí. Luego, cuando Dios responda su petición, recuerde registrar la victoria en su informe de adoración.

Confesiones personales

Cuando Dios le revele pasajes de las Escrituras relacionados con situaciones específicas que usted o sus hijos pudieran estar enfrentando, escríbalas aquí y declare la Palabra de Dios sobre esa circunstancia. Declare la Palabra hasta que haya alcanzado la victoria.

Situaciones memorables

Use este libro para registrar acontecimientos importantes en la vida de su hijo(a) y situaciones memorables para su familia. Cuando lleguen a la adultez, sus hijos disfrutarán enormemente de estos recuerdos.

NOTAS

Introducción
Un milagro para su familia

1. *Merriam-Webster's Collegiate Dictionary*, onceava edición (Springfield, MA: Merriam-Webster, Inc., 2003), s.v. "miracle."

2. Jack Hayford, ed., *Spirit-Filled Life Bible* (Nashville: Thomas Nelson Publishers, 1991), p. 6.

3. ThinkExist.com, "Zig Ziglar Quotes", http://thinkexist .com/quotation/when_you_put_faith-hope_and_love_ together-you_can/145457.html (consultado el 5 de octubre de 2012).

4. E. M. Bounds, *E. M. Bounds: The Classic Collection on Prayer*, Harold J. Chadwick, ed. (Alachua, FL: Bridge-Logos Publishers, 2001), p. 199.

5. Diana Loomans, "If I Had My Child to Raise Over Again", en *100 Ways to Build Self-Esteem and Teach Values* (Novato, CA: New World Library, 1994, 2003), p. 213. www .dianaloomans.com. Usado con permiso.

6. *Merriam-Webster's Collegiate Dictionary*, s.v. "promise."

43
Abundancia

1. Según se cita en William J. Federer, *America's God and Country: Encyclopedia of Quotations* (St. Louis, MO: Amerisearch, Inc., 1994), p. 433.

51
Esperanza en Dios

1. Según se cita en John Maxwell, *Think on These Things: Meditations for Leaders* (Kansas City, MO: Beacon Hill Press, 1999), p. 149.

54
Plantas maduras

1. Tommy Barnett, *Hidden Power* (Lake Mary, FL: Charisma House, 2002), pp. 40–41.

Conclusión
Su fe marcará la diferencia

1. Alfred Lord Tennyson, "Morte D'Arthur", http://library .sc.edu/spcoll/britlit/tenn/morte.html (consultado el 9 de octubre de 2012).
2. Graham Greene, *The Power and the Glory* (New York: Penguin, 1990), p. 12.
3. John C. Maxwell, *Breakthrough Parenting* (Colorado Springs, CO: Focus on the Family Publications, 1996), p. 6.
4. Ed Young, *The 10 Commandments of Parenting* (Chicago: Moody Publishers, 2005), p. 158.

SI DESEA MÁS INFORMACIÓN CONTACTE A:

Mike Shreve
P. O. Box 4260
Cleveland, TN 37320
www.shreveministries.org
mikeshreve@shreveministries.org
teléfono: 423-478-2843

EQUÍPATE CON EL
ARMA MÁS PODEROSA

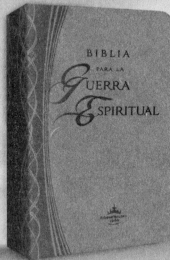

CARACTERÍSTICAS Y BENEFICIOS

- Versión Reina-Valera 1960 (la versión de la Biblia más leída en español).

- Incluye materiales adicionales de estudio, escritos por más de veinte líderes y autores cristianos de renombre.

- Provee información práctica para prepararte y equiparte en la guerra espiritual.

- Contiene herramientas de entrenamiento para la guerra espiritual, tanto para el estudio individual así como para grupos pequeños.

- Incluye referencias y mapas a color.

La **Biblia para la guerra espiritual**, te ayudará a prepararte y equiparte como un guerrero espiritual